职业教育汽车类专业理实一体化教材
职业教育改革创新教材

汽车行驶、转向与制动系统检修

主　编　武　忠　李盛福　李文涛
副主编　惠兆旭　赵　冰　杨国红
参　编　于　军　车惠顺　李小楠
　　　　刘丹阳　葛海淼　罗　蓉
　　　　唐　芳

机械工业出版社

本书按照教育部颁布的职业院校汽车专业课程目录及教学标准要求，参照汽车维修工职业资格标准及职业院校汽车专业技能竞赛的相关内容编写而成。

本书以大众奥迪、高尔夫，丰田陆地巡洋舰，马自达阿特兹等中高级轿车为主，详细讲解了汽车车桥的检修、车轮与轮胎的检修、悬架的检修、电子控制悬架的检修、机械转向系统的检修、液压动力转向系统的检修、电动动力转向系统的检修、制动系统的检修、汽车行驶稳定性系统的检修和电子驻车制动系统的检修。本书难易适度、图文并茂、深入浅出，并采用了大量的实物图形，以适应当前职业教育的特点。同时，本书配有电子课件、习题答案及电子版工作页，以方便教学使用。

本书可作为职业院校汽车类专业的教学用书，也可作为汽车维修行业的培训教材及汽车企业维修人员的自学用书。

图书在版编目（CIP）数据

汽车行驶、转向与制动系统检修/武忠，李盛福，李文涛主编. —北京：机械工业出版社，2019.9（2024.6重印）
职业教育汽车类专业理实一体化教材 职业教育改革创新教材
ISBN 978-7-111-63060-9

Ⅰ.①汽… Ⅱ.①武…②李…③李… Ⅲ.①汽车-行驶系-车辆检修-高等职业教育-教材②汽车-转向装置-车辆检修-高等职业教育-教材③汽车-制动装置-车辆检修-高等职业教育-教材 Ⅳ.①U472.41

中国版本图书馆 CIP 数据核字（2019）第 125825 号

机械工业出版社（北京市百万庄大街 22 号 邮政编码 100037）
策划编辑：于志伟 责任编辑：于志伟
责任校对：佟瑞鑫 封面设计：鞠 杨
责任印制：刘 媛
涿州市京南印刷厂印刷
2024 年 6 月第 1 版第 7 次印刷
184mm×260mm·12.5 印张·303 千字
标准书号：ISBN 978-7-111-63060-9
定价：35.00 元

电话服务　　　　　　　　网络服务
客服电话：010-88361066　机 工 官 网：www.cmpbook.com
　　　　　010-88379833　机 工 官 博：weibo.com/cmp1952
　　　　　010-68326294　金 书 网：www.golden-book.com
封底无防伪标均为盗版　机工教育服务网：www.cmpedu.com

前　言

　　为贯彻国家职业教育方针政策，深化职业教育教学改革，建设以工学结合为特色的人才培养模式，提升教学质量，特组织了具有扎实理论基础和丰富教学经验的一线教学教师编写了本书。本书的编写还结合了当前汽车维修行业的需求，以确保学生职业能力的培养，并根据教育部最新公布的职业院校汽车类专业教学标准，参考汽车维修工职业资格标准及国家汽车类职业技能竞赛标准选取项目内容。

　　本书以大众奥迪、高尔夫、丰田陆地巡洋舰，马自达阿特兹等中高级轿车车型为主，兼顾了中低档车型选取相关课程内容，紧密贴合当前汽车维修企业相关岗位。在体现职业教育特征的同时，以实用为原则，理论讲述以够用为主，实训项目依据维修车间真实的生产实例，涵盖维修企业主要工作，贴近实际，旨在通过理论学习及反复操作实现学校教学与企业维修工作无缝衔接。

　　本书所选择的内容都是以汽车维修实践中或常见或很重要的项目做引导，以便带动学生对整体知识的自学能力，所涉内容丰富完整、清晰明了、通俗易懂。本书项目体系为项目目标、知识准备、技能训练和课后测评四部分，符合了解、熟悉、掌握的认知规律，方便学生在掌握必备知识和技能的同时，适当拓宽知识面，更多地了解与汽车维修相关的基础知识。

　　本书共包含十个项目，参考学时为160学时，采用"教、学、做"的一体化教学模式，各项目建议学时安排如下：

项目内容	建议学时	项目内容	建议学时
项目一　汽车车桥的检修	16	项目三　悬架的检修	18
项目二　车轮与轮胎的检修	14	项目四　电子控制悬架的检修	14

（续）

项目内容	建议学时	项目内容	建议学时
项目五　机械转向系统的检修	14	项目八　制动系统的检修	20
项目六　液压动力转向系统的检修	20	项目九　汽车行驶稳定性系统的检修	18
项目七　电动动力转向系统的检修	14	项目十　电子驻车制动系统的检修	12

　　本书由长春市机械工业学校武忠、广西工业职业技术学院李盛福、寿光市职业教育中心学校李文涛担任主编，长春市机械工业学校惠兆旭、赵冰，广西二轻高级技工学校杨国红担任副主编，于军、车惠顺、李小楠、刘丹阳、葛海淼、罗蓉、唐芳参与了本书的编写。在本书的编写过程中，参考了相关教材和资料，在此向有关作者表示衷心的感谢！

　　由于编者水平有限，书中不妥之处在所难免，恳请读者批评指正。

编　者

目 录

前言

项目一

汽车车桥的检修

【项目目标】

1. 掌握车桥的功用和类型。
2. 掌握整体式转向桥的组成及各部分作用。
3. 掌握断开式转向驱动桥的组成。
4. 掌握车轮定位的内容及作用。
5. 能够正确分析车桥的故障现象并找出诊断方法。
6. 能够检测车轮定位。

【知识准备】

一、概述

汽车行驶系统主要采用轮式行驶系统，其结构特点是通过轮胎直接与地面接触，通过轮胎支承整个车辆，并通过轮胎的滚动驱动汽车行驶。汽车行驶系统的作用可以概括为：支承、传力、缓冲、减振、导向。轮式行驶系统一般由车架（或承载式车身）、车桥（前后车桥）、车轮和悬架（前后悬架）等组成，如图1-1所示。车架是全车装配与支承的基础，它将汽车的各相关总成连接成一个整体，并与行驶系统共同支承汽车的重量，车轮安装在前、后桥上，支承着车桥和汽车。为了减少汽车在行驶中受到的各种冲击与振动，车桥与车架之间通过弹性系统（悬架）进行连接。

汽车行驶系统行驶原理如图1-2所示，地面对汽车前后轮作用垂直反力 Z_1 和 Z_2 支持车身重力 G_a。驱动桥中半轴将驱动转矩 M_k 传到驱动轮上，通过路面和车轮的附着作用，路面作用于驱动轮边缘上一个切向反力——驱动力 F_t。驱动力 F_t 的一部分用以克服驱动轮本身的滚动阻力，其余大部分则依次通过驱动桥壳、后悬架传到车架，用来克服作用于汽车上的空气阻力和坡道阻力，还有一部分驱动力由车架经过前悬架传至从动桥，作用于自由支承在从动桥两端转向节上的从动轮中心，使前轮克服滚动阻力向前滚动。在驱动力 F_t 作用下，整个汽车便向前行驶。

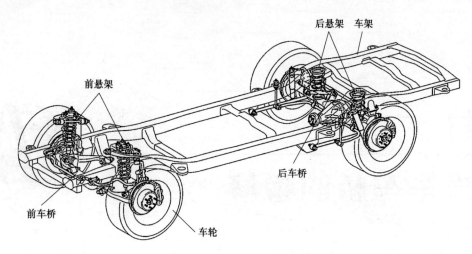

图 1-1　轮式汽车行驶系统

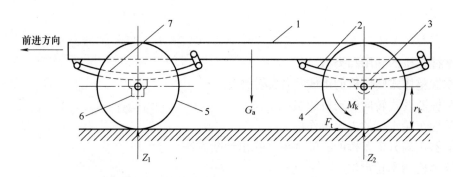

图 1-2　汽车行驶系统行驶原理示意图
1—车架　2—驱动轮悬架　3—驱动桥　4—驱动轮　5—从动轮　6—从动桥　7—从动轮悬架
G_a—车身重力　Z_1、Z_2—地面对车轮支承力　r_k—车轮半径　F_t—驱动力

二、车桥的功用和类型

车桥通过悬架与车架相连，两端安装车轮，其功用是传递车架与车轮之间的各种力和力矩。车桥的结构形式与悬架结构以及传动系统的布置形式有关。

按配用悬架结构不同，车桥分为整体式和断开式两种。整体式车桥的中部是刚性实心或空心梁，与非独立悬架配用；断开式车桥为活动关节式结构，与独立悬架配用。

按车桥上车轮的作用不同，车桥分为转向桥、驱动桥、转向驱动桥和支持桥四种类型。用于承载兼起转向作用的车桥，称为转向桥；起到承载及驱动作用的车桥称为驱动桥；既起承载又起转向和驱动作用的车桥称为转向驱动桥；只起支持作用的车桥称为支持桥。汽车驱动桥和支持桥结构简单、刚度高，一般不会出现故障，汽车车桥检修主要指整体式的转向桥和转向驱动桥的检修，断开式车桥检修在独立悬架内容中进行。

三、整体式转向桥

转向桥是利用转向节使车轮偏转一定的角度以实现汽车的转向，同时还承受和传递车轮与车架之间的垂直载荷、纵向力和侧向力以及这些力所形成的力矩。转向桥通常位于汽车的前部，因此也常称为前桥，主要由前轴、转向节、主销和轮毂四部分组成，如图 1-3 所示。

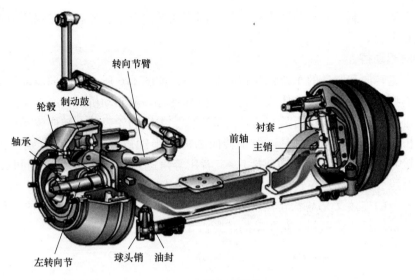

图 1-3　转向桥结构

（1）前轴　前轴是用中碳钢经模锻和热处理而制成的，形似羊角，如图 1-4 所示。前轴以承受垂直弯矩为主，汽车制动时还要承受转矩。其断面是工字形，为提高抗扭强度，在接近两端各有一个加粗部分（拳形），其中有通孔，主销即插入此孔内。中部向下弯曲成凹形，其目的是使发动机位置降低，从而降低汽车质心；扩展驾驶人视野；减小传动轴与变速器输出轴之间的夹角。

图 1-4　前轴

（2）转向节　转向节是车轮转向的铰链，它是一个叉形件，如图 1-5 所示。上下两叉有安装主销的两个同轴孔，转向节轴颈用来安装车轮。转向节上销孔的两耳通过主销与前轴两端的拳形部分相连，使前轮可以绕主销偏转一定角度而使汽车转向。为了减小磨损，转向节销孔内压入青铜衬套，衬套的润滑是通过装在转向节上的油嘴注入润滑脂润滑。为使转向灵活，在转向节下耳与前轴拳形部分之间装有轴承。在转向节上耳与拳形部分之间还装有调整垫片，以调整其间的间隙。

图 1-5　转向节

（3）主销　主销的作用是铰接前轴及转向节，使转向节绕着主销摆动以实现车轮的转向。主销的中部切有凹槽，安装时用主销固定螺栓与它上面的凹槽配合，将主销固定在前轴的拳形孔中。主销与转向节上的销孔是间隙配合，以便实现转向。

（4）轮毂　轮毂通过两个圆锥滚子轴承支承在转向节外端的轴颈上，用于安装车轮。轮毂轴承的松紧度可用调整螺母（装于轴承外端）加以调整。轮毂外端用冲压的金属罩盖

住，内端装有油封。制动底板与防尘罩一起都固定在转向节上，轮毂的轮缘圆周有螺孔用于安装制动鼓和车轮。

四、转向驱动桥

能实现车轮转向和驱动的车桥称为转向驱动桥，如图1-6所示。转向驱动桥有整体式和断开式两种类型。在结构上，整体式转向驱动桥既具有一般驱动桥所具有的主减速器、差速器及半轴；也具有一般转向桥所具有的转向节壳体、主销和轮毂等。转向驱动桥与单独的驱动桥、转向桥相比，其不同之处是，由于转向的需要半轴被分为两段，分别叫内半轴（与差速器相连接）和外半轴（与轮毂连接），二者用等角速万向节连接起来。同时，主销也因此分成上下两段，分别固定在转向节的球形支座上。转向节轴颈做成空心的，以便外半轴从中穿过。转向节的连接叉是球状转向节壳体，既满足了转向的需要，又适应了转向节的传力。转向驱动桥广泛地应用到全轮驱动的越野汽车上。

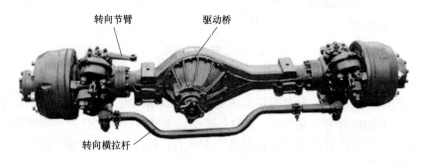

图1-6 转向驱动桥

断开式转向驱动桥如图1-7所示，驱动桥的上端通过左、右悬架与承载式车身相连接，

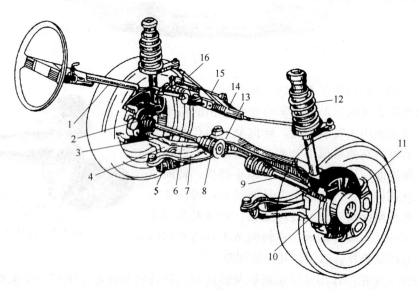

图1-7 断开式转向驱动桥

1—转向柱 2—外等角速万向节 3—左传动轴 4—悬架摆臂 5—悬架臂后端的橡胶金属轴
6—横向稳定杆 7—发动机悬挂装置 8—内等角速万向节 9—右传动轴 10—制动钳
11—外半轴凸缘 12—减振器支柱 13—橡胶金属支架 14—齿轮齿条式转向器
15—转向减振器 16—横拉杆

下端通过左、右下摆臂与固定在车身上的副车架相连接。悬架车轮轴承壳与下摆臂之间通过可移动球形接头连接，从而使前轮固定，并可通过下摆臂上的孔调整车轮外倾角。为了减小车轮转向时的车身倾斜，在副车架与下摆臂之间还装有横向稳定杆。

五、车轮定位

1. 转向轮定位

为了保持汽车直线行驶的稳定性、转向的轻便性和减小轮胎与机件间的磨损，转向轮、转向节和前轴三者之间与车架必须保持一定的相对位置，这种具有一定相对位置的安装称为转向轮定位，也称前轮定位。前轮定位包括主销后倾、主销内倾、前轮外倾及前轮前束等。

（1）主销后倾　主销装在前轴上后，在纵向平面内，其上端略向后倾斜，这种现象称为主销后倾。在纵向垂直平面内，主销轴线与垂线之间的夹角 γ 叫主销后倾角，如图1-8所示。

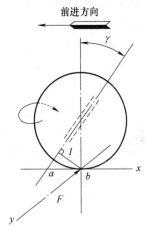

图1-8　主销后倾示意图

主销后倾后，它的轴线与路面的交点，位于车轮与路面接触点 b 之前，这样 b 点到 a 点之间就有一段垂直距离 l。若汽车转弯时（图中所示向右转弯），则汽车产生的离心力将引起路面对车轮的侧向反作用力 F，F 通过 b 点作用于轮胎上，形成了绕主销的稳定力矩 $M=Fl$，其作用方向正好与车轮偏转方向相反，使车轮有恢复到原来中间位置的趋势。即使在汽车直线行驶偶尔遇到阻力使车轮偏转时，也有此种作用。由此可见，主销后倾的作用是保持汽车直线行驶的稳定性，并力图使转弯后的前轮自动回正。后倾角越大，车速越高，前轮的稳定性越强，但后倾角过大会造成转向盘沉重，一般采用 $\gamma<3°$。有些轿车和客车的轮胎气压较低，弹性较大，行驶时由于轮胎与地面的接触面中心向后移动，引起稳定力矩增加，故后倾角可以减小到接近于零，甚至为负值（即主销前倾）。主销后倾角的获得一般是由前轴、钢板弹簧和车架三者装配在一起时，使前轴断面向后倾斜而形成的。

（2）主销内倾　主销安装到前轴上后，在横向平面内，其上端略向内倾斜，这种现象称为主销内倾。在横向垂直平面内，主销轴线与垂线之间的夹角 β 叫主销内倾角，如图1-9所示。

主销内倾后，主销轴线的延长线与地面交点到车轮中心平面与地面交线的距离 c（主销偏置距）减小（图1-9a），从而可减小转向时驾驶人加在转向盘上的力，使转向操纵轻便，也可减少从转向轮传到转向盘上的冲击力；当车轮转向或偏转时，车轮有向下陷入地平面的倾向（图1-9b），而地面是不能下陷的，所以只能使转向轮

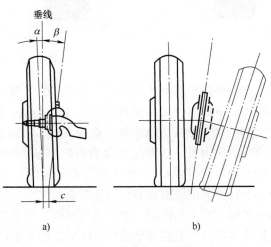

图1-9　主销内倾示意图

连同整个汽车前部相对地面向上抬起一个相应的高度。这样在汽车本身重力的作用下，就会迫使车轮自动回到原来的中间位置。由此可见，主销内倾的作用是使前轮自动回正，转向轻便。主销内倾角越大或前轮转角越大，则汽车前部抬起就越高，前轮的自动回正作用就越明显，但转向时转动转向盘费力，转向轮的轮胎磨损增加，一般主销内倾角控制在 5°~8° 为宜。主销内倾角是由前轴制造时使主销孔轴线的上端向内倾斜而获得的。

主销后倾和主销内倾都有使汽车转向自动回正，保持直线行驶位置的作用。但主销后倾的回正作用与车速有关，而主销内倾的回正作用几乎与车速无关。因此，高速时主销后倾的回正作用起主导地位，而低速时则主要靠主销内倾起回正作用。此外，直行时前轮偶尔遇到冲击而偏转时，也主要依靠主销内倾起回正作用。

（3）前轮外倾　前轮安装在车轮上，其旋转平面上方略向外倾斜，这种现象称为前轮外倾。前轮旋转平面与纵向垂直平面之间的夹角 α 称为前轮外倾角，如图 1-10 所示。前轮外倾的作用在于提高了前轮工作的安全性和操纵轻便性。由于主销与衬套之间，轮毂与轴承等处都存在间隙，若空车时车轮垂直地面，则满载后，车桥将因承载变形，可能会出现车轮内倾，这样将会加速汽车轮胎的磨损。另外，路面对车轮的垂直反作用力沿轮毂的轴向分力将使轮毂压向轮毂外端的小轴承，加重了外端小轴承及轮毂紧固螺母的负荷，严重时使车轮脱出。因此，为了使轮胎磨损均匀和减轻轮毂外轴承的负荷，安装车轮时预先使车轮有一定的外倾角，以防止车轮出现内倾。前轮外倾角虽然对安全和操纵有利，但过大的外倾角将使轮胎横向偏磨增加，油耗增多，一般前轮外倾角为 1° 左右。轿车车身轻、行驶速度高，以行驶稳定性为主，常采用负外倾。

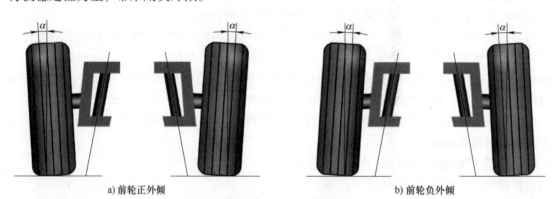

a) 前轮正外倾　　　　　　　　　　b) 前轮负外倾

图 1-10　前轮外倾

前轮外倾角是由转向节的结构确定的。当转向节安装到前轴上后，其转向节轴颈相对于水平面向下倾斜，从而使前轮安装后出现前轮外倾。

（4）前轮前束　汽车两个前轮安装后，在通过车轮轴线而与地面平行的平面内，两车轮前端略向内束，这种现象称为前轮前束。如图 1-11 所示，$\angle A$ 为左前轮前束角，$\angle B$ 为右前轮前束角，$\angle A + \angle B$ 为前轮总前束角；左右两车轮间后方距离 C 与前方距离 D 之差（$C-D$）称为前轮前束值。前轮前束的作用是消除汽车行驶过程中因前轮外倾而使两前轮前端向外张开的不利影响。由于前轮外倾，当车轮在地面纯滚动时，车轮将向外侧方向运动，实际上装在汽车上的两个前轮只能向正前方滚动，当两车轮具有前束时，两车轮在向前滚动时会产生向内侧的滑动。这样，由外倾和前束使两前轮产生的滑动方向相反，可以互相抵消从而使两前轮基本上是纯滚动而无滑动地向前运动。此外，前轮前束还可以抵消滚动阻力造成的使两前轮前部向外张开的作用，使两前轮基本上是平行地向前滚动。

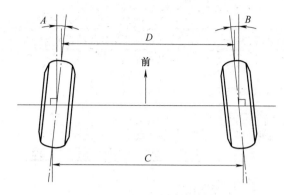

图 1-11　前轮前束（俯视图）

前轮前束可通过改变横拉杆的长度来调整。调整时，根据各厂家规定的测量位置，使两轮前后距离差（$C - D$）或前束角（$\angle A + \angle B$）符合规定的前束值。测量位置除图示的位置外，还可取两车轮钢圈内侧面处的前后差值，也可以取两轮胎中心平面处的前后差值。一般前束值为 $0 \sim 12$mm。

2. 后轮定位

随着道路条件的改善，轿车的行驶速度越来越高，汽车后轮具有一定程度的外倾角和前束可使后轮获得合适的侧偏角，使轿车有一定的不足转向，有利于提高车辆高速行驶时的操纵稳定性。

（1）后轮外倾角　后轮外倾角对轮胎磨损和操纵性有影响。理想状态是四个车轮的运动外倾角为零，这样轮胎和路面接触良好，从而得到最佳的牵引性能和操纵性能。后轮外倾角随着悬架的上下移动而变化。为对荷载进行补偿，采用独立后悬架的汽车常有一个较小的正后轮外倾角。滑柱筒破坏或错位、滑柱弯曲、弹簧压缩或悬架过载等都会使后轮外倾角产生负外倾角的趋势。

（2）后轮前束　为克服后轮外倾角带来的负面影响，后轮也应该有前束值。后轮前束不当，后轮轮胎也会产生不正常的磨损，还会引起转向不稳定和降低制动效能。像后轮外倾角一样，后轮前束会随着悬架的上下移动而变化，同时滚动阻力和发动机的转矩对它也有影响。对于前轮驱动的汽车，前轮宜为正前束，后轮宜为负前束；四轮驱动的汽车则相反，前轮宜为负前束，后轮宜为正前束。

（3）驱动作用线　其是后轮总前束角平分线，它与汽车行驶方向一致，可以用后轮前束角值来保证汽车行驶方向。

【技能训练】

一、车桥常见故障及诊断

1. 转向沉重

故障现象	故障原因	诊断方法
1）汽车转弯时，转动转向盘感到沉重、费力。 2）无回正感	转向桥部分的故障原因： 1）转向节变形。 2）转向节推力轴承缺少润滑或损坏。 3）转向节主销与衬套间隙过小或缺少润滑。 4）前轴或车架变形引起前轮定位失准。 5）轮胎气压不足	支起前桥，用手转动转向盘，若感到转向很容易，则故障部位在前桥与车轮

2. 低速摆头

故障现象	故障原因	诊断方法
汽车低速直线行驶时前轮摇摆，感到方向不稳；转弯时需要大幅度转动转向盘	主要如下原因： 1）转向节臂装置松动。 2）转向节主销与衬套磨损、松旷，配合间隙增大。 3）轮毂轴承间隙过大。 4）前束过大。 5）轮毂螺栓松动或数量不全	各部分间隙或连接松动诊断方法：可支起前桥，并用手在水平和垂直方向摆动前轮，若水平方向有松旷感，垂直方向无松旷感，则说明横拉杆球头松旷；若水平方向无松旷感，垂直方向有松旷感，则说明下球头松旷；若水平方向和垂直方向均有松旷感，则可能是轴承松动。若非上述原因，应检查前轴是否变形及前轮定位是否正确

3. 行驶跑偏

故障现象	故障原因	诊断方法
汽车在直线行驶时，必须紧握转向盘，才能保持直线行驶。若稍放松转向盘，汽车会自动偏向一侧行驶	1）前轮定位值不正确，前束调整不当，过大或过小。 2）左、右前轮主销后倾角或车轮外倾角不相等。 3）制动鼓与制动蹄摩擦片间隙调整不均匀，一边过紧，一边过松。 4）钢板弹簧一边折断，造成两边弹力不等。 5）转向节或转向节臂弯曲变形。 6）前轴或车架弯曲、扭转。 7）左右两边轮胎气压不相等。 8）车架变形或左、右轴距不相等。 9）前轮毂轴承调整不当，左、右轮毂轴承松紧度不一致	1）检查左、右前轮轮胎气压是否一致。如果是在换上新轮胎后出现跑偏现象，则应检查左、右轮胎规格以及轮胎花纹是否一致。 2）检查跑偏一侧的制动鼓和轮毂轴承部位是否发热。若发热，说明制动拖滞或是车轮轮毂轴承调整过紧，造成一边紧一边松的现象。 3）测量左右轴距是否相等。 4）检查前钢板弹簧有无折断，前轴是否变形。 5）若以上均正常，应对前轮定位进行检查调整

4. 高速摆振

故障现象	故障原因	诊断方法
高速摆振有两种情况：一种是随着车速的提高，摆振逐渐增大；另一种是在某一较高车速范围内出现摆振，出现行驶不稳，甚至还会造成转向盘抖动	1）轮毂轴承松旷，使车轮歪斜，在运行时摇摆。 2）轮盘不正或制动鼓磨损过度而失圆，歪斜失正。 3）使用翻新轮胎。 4）转向节主销或推力轴承磨损松旷。 5）横、直拉杆弯曲。 6）前轮定位值调整不当。前束失调、两前轮主销后倾角或内倾角不一致等，导致汽车向前行驶时，前轮摇摆晃动。 7）轮毂偏摆、前轮轮胎螺栓数量不等引起车轮动不平衡。 8）转向节弯曲。 9）前钢板弹簧刚度不一致	1）在进行高速摆振故障的诊断时，应先检查前桥、转向器以及转向传动机构连接是否松动，悬架弹簧是否固定可靠。 2）支起驱动桥，用楔块固定非驱动轮，起动发动机并逐步换入高速档，使驱动桥达到产生摆振的转速。若这时转向盘出现抖动，则说明是传动轴动不平衡引起的，应拆下传动轴进行检查；若此时不出现明显抖动，则说明摆振原因在汽车转向桥部分。 3）怀疑摆振的原因在前桥部分时，应架起前桥试转车轮，检查车轮是否晃动，车轮静平衡是否良好以及轮毂是否偏摆过大。 4）检查车架是否变形、铆钉有无松动以及前轴是否变形。另外，还需检查前钢板弹簧的刚度。 5）检查前轮定位是否正确。 6）对高速摆振故障进行诊断时，有时还需借助一定的测试仪器。当缺少必要的测试仪器时也可以采用替换法。例如在怀疑某车轮有动不平衡时，可以另换一车轮试验，或者将可能引起高速摆振的车轮拆装到不发生摆振的车辆上进行对比试验

二、前轴主要部件的检修

1. 前轴的检修

（1）前轴的磨损

1）钢板弹簧座的平面磨损大于 2mm，定位孔磨损大于 1mm，需要堆焊后加工修复或更换新件。

2）主销承孔与主销的配合间隙：轿车不大于 0.10mm，货车不大于 0.20mm。磨损超过极限，可采用镶套法修复。

（2）前轴变形的检修

1）前轴变形的检测。常用的检测方法是采用图 1-12 所示的角尺检验法。通过测量 a、b 值可以判断前轴是否有弯曲和扭转变形。

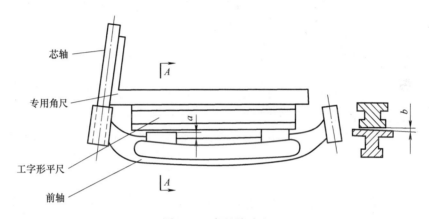

图 1-12　角尺检验法

2）前轴校正方法。前轴变形校正必须在钢板弹簧座和定位孔、主销孔磨损修复后进行，以便减少检验、校正的积累误差，提高生产率。一般采用冷压校正法。

2. 转向节的检修

（1）隐伤的检验　转向节的油封轴颈处，因其断面的急剧变化，应力集中，是一个典型的危险断面。易产生疲劳损坏，造成转向节轴颈断裂。因此，二级维护和修理时要对转向节轴进行隐伤检验，一旦发现疲劳裂纹，只能更换，不许焊修。

（2）转向节轴磨损的检修　轴颈与轴承的配合间隙：轴颈直径不大于 40mm 时，配合间隙为 0.040mm；轴颈直径大于 40mm 时，配合间隙为 0.050mm。转向节轴轴颈磨损超标后应更换新件。

（3）转向节轴锁止螺纹的检验　损伤不多于 2 牙。锁止螺母只能用扳手拧入，若能用手拧入，说明螺纹中径磨损松旷，应予以修复或更换转向节。

（4）主销衬套的加工　主销衬套与主销的配合间隙大于 0.15mm 时必须更换，以免引起汽车前轮摆振等故障。

3. 轮毂的检修

（1）轮毂轴承孔磨损的检测　轮毂轴承孔与轴承的配合过盈不得小于 0.009mm。

（2）轮毂轴承装配间隙的检测　将百分表座吸在转向节上，百分表触头顶压在轮毂轴承座边缘上，轴向往复推拉轮毂，检查轮毂轴承装配间隙。轿车最大间隙为 0.05mm。

（3）轮毂变形的检测（图1-13）　轮毂变形会引起车轮的不平衡，影响汽车的行驶稳定性和制动效能。轮毂变形通过测量凸缘的圆跳动来进行检查，轿车圆跳动公差为0.05mm。

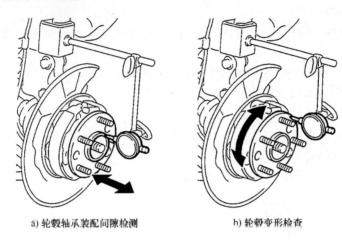

a) 轮毂轴承装配间隙检测　　　　　　　　　　b) 轮毂变形检查

图1-13　轮毂检查

4. 前轮最大转向角的检查和调整

将转向盘向左或向右打到底，前轮胎不与翼子板、钢板、直拉杆等机件碰擦，并有8～10mm的距离为合适。可转动转向节上的转向角限位螺栓进行调整。

5. 前轮轮毂轴承的调整

大型客货车轮毂轴承的预紧度调整方法，用千斤顶将车轮顶起，拆去前轮毂盖，搬开锁片，拧下锁止螺母，取下锁片与锁止垫圈，同时向前后两方向转动车轮，使轴承的圆锥形滚柱正确地坐于轴承圈的锥面上。拧紧后，反方向旋松调整螺母1～2个锁紧垫片的孔位，使调整螺母上的止动销与销环上的邻近孔相重合，再装上锁紧垫圈与锁紧螺母。

轿车轮毂轴承预紧度调整一般是将轴承紧固螺钉拧紧至规定的力矩，然后再拧到规定的角度，如高尔夫轿车轮毂轴承螺栓的拧紧力矩为200N·m。

三、车轮定位的检测

四轮定位检测步骤（以BOSCH 3D四轮定位仪的检测过程为例）如图1-14所示。

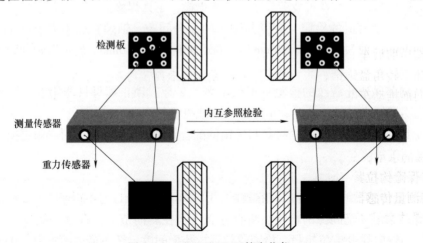

检测板

测量传感器　　　　　　　　　内互参照检验

重力传感器

图1-14　BOSCH 3D四轮定位仪

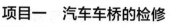

1. 安装车内和车外三件套

2. 车辆检查

1）降下并复位子母剪式举升器，将转角盘和后轮滑板的锁销插入孔内，如图 1-15 所示，放入转角盘垫板。将车辆停驻到举升器平台上，在一后轮前后安装车轮挡块，将变速杆置于空档，并释放驻车制动器。

2）检查车辆是否为空载状态，用气压表检查气压。

3）检查各车轮轮胎的规格与结构是否相同。

4）目测车辆的高度是否一致。

5）拔下转角盘锁销并取下垫板，起动发动机，左右转动转向盘，检查转向盘是否存在空行程以及中央位置是否正确。

6）将转向盘置于中央位置，将发动机熄火，安装转向盘定位装置，如图 1-16 所示。

图 1-15　转角盘锁销安装

图 1-16　安装转向盘定位装置

7）将子母剪式举升器中的小剪二次举升车辆至轮胎最低点距离举升平台约 20cm 的高度。

8）使用轮胎花纹深度尺，测量各车轮轮胎的磨损情况。同一车桥的两侧轮胎深度差不超过 2mm。

9）检查车轮轴承是否松旷，并检查是否存在制动拖滞现象。

10）将子母剪式举升器中的大剪举升车辆到适当高度，并做好保险。

11）检查转向横拉杆的衬套，球头是否有松旷现象；检查悬架下摆臂的衬套、球头是否有松旷现象；检查横向稳定杆连杆的连接情况；检查减振器弹簧性能及连接情况；检查副车架连接情况等。

12）降下大剪，降下小剪。取下转向盘固定装置，移开车轮挡块。

13）按压前后车身数次，使车辆悬架复位。

14）插下转角盘锁销，放入垫板，将车辆向后推离转角盘。

15）向前推动车辆使前轮停在转角盘中心位置，并检测车身高度。

3. 安装测量传感器、夹具及检测板

1）安装各车轮的检测板。将卡具卡入车轮轮辋的边缘，然后将检测板固定在夹具上，调整检测板的水平，如图 1-17 所示。

2）将保险钩拉紧并挂在车轮的辐条孔内。

3）将测量传感器安装于升降平台侧面，连接导线，如图 1-18 所示。

4. 测量车轮定位角度

1）打开软件，输入客户信息，依次输入车况检查信息，扫描车型 VIN（车辆识别码）

数据或手动搜索车型数据。

图 1-17　安装夹具和检测板

图 1-18　安装测量传感器

2）撤下车轮挡块，推车进行车辆偏位补偿，根据软件提示缓慢推车。

3）实施驻车制动，固定制动固定器，拔出转角盘和滑板锁销并取下转角盘垫板，如图 1-19 所示。

4）进行主销倾角测量，根据软件提示，缓慢转动转向盘。

5）根据软件提示，依次测量各项参数，读取测量数据并保存。

6）用转向盘固定装置固定转向盘。

图 1-19　固定制动固定器

5. 车轮定位参数调整

车轮定位调整顺序为先调后轮，再调前轮；后轮先调外倾角再调前束角；前轮先调主销后倾角，再调外倾角，最后调前束角。

1）检查后轮各参数。

2）举升车辆调整底盘，调整后轮参数至标准值。

3）查看前轮各项参数值。

4）调整前轮参数至标准值，并保存。

6. 回收设备

1）举升小剪使车轮悬空，插入转角盘和滑板锁销，并放入转角盘垫板。

2）降下小剪，降下大剪落下车辆。

3）拆卸测量传感器及导线、检测板及卡夹具等。

4）拆下转向盘止动器、制动踏板止动器。

5）推出车辆，并使车辆退出工位。

【课后测评】

1. 简述汽车行驶系统的作用及汽车行驶原理。

2. 车桥有何功用？车桥的类型有哪些？

3. 整体式转向桥由哪几部分组成？各部分有何作用？

4. 整体式转向驱动桥由哪几部分组成？断开式转向驱动桥由哪些部件组成？

5. 车轮定位包括哪些内容？各定位内容有什么作用？

6. 车轿常见的故障现象有哪些？应如何诊断排除？

项目二

车轮与轮胎的检修

【项目目标】

1. 掌握车轮的功用及组成。
2. 掌握轮辋的构造及规格的表示方法。
3. 掌握轮胎的作用及结构。
4. 掌握轮胎规格的表示方法。
5. 能够诊断轮胎异常磨损的故障原因。
6. 能够对轮胎进行检查和拆装。

【知识准备】

一、车轮

车轮总成主要由车轮与轮胎组成，其功用主要是：支承整车重量；缓和由路面传来的冲击力；通过轮胎同路面间的附着作用来产生驱动力和制动力；汽车转弯行驶时产生平衡离心力的侧抗力，在保证汽车正常转向行驶的同时，承担跨越障碍、提高通过性的作用等。

1. 车轮的组成和类型

车轮是介于轮胎和轮毂之间承受负荷与轮毂一起旋转的组件，通常由轮辋和轮辐组成，如图 2-1 所示。轮辋是在车轮上安装和支承轮胎的部件，轮辐是在轮毂和轮辋之间的支承部件。轮辋与轮辐可制成整体式的、永久连接式的或可拆卸式的。轮毂用轴承支承在车桥的两端，是车轿的一部分，有时也划为车轮的组成之一。

目前，轿车和货车常用的车轮类型按照轮辐的结构不同可分为辐板式和辐条式。

2. 车轮的构造

（1）轮辐

1）辐板式车轮。辐板式车轮如图 2-2 所示，由挡圈、轮辋、轮辐和气门嘴口组成。车轮中用以连接轮毂和轮辋的钢质圆盘称为辐板，大多是冲压制成并与轮辋焊接在一起，少数是和轮毂铸成一体的，后者主要用于重型汽车。

图 2-1　车轮的组成

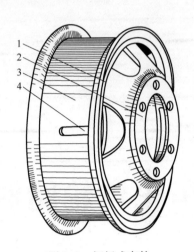

图 2-2　辐板式车轮
1—挡圈　2—轮辐（辐板式）　3—轮辋　4—气门嘴口

　　轿车的辐板所用板料较薄，常冲压成起伏多变的形状，以提高其刚度。辐板上的孔可以减轻重量，有利于制动鼓的散热，方便接近气门嘴，同时可作为安装时的把手处。安装孔加工成锥形，以便在用螺栓把辐板固定在轮毂上时对正中心，如图 2-3 所示。

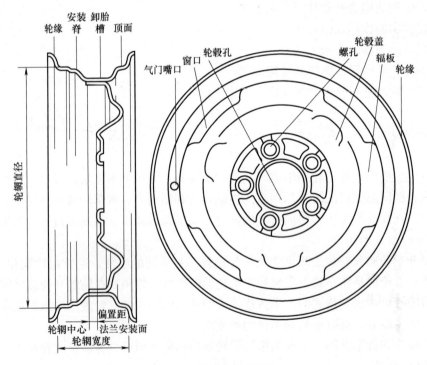

图 2-3　轿车辐板式车轮

　　由于货车后轴负荷比前轴大得多，为使后轮轮胎不致过载，后桥一般装用双式车轮，如图 2-4 所示。在同一轮毂上安装了两套辐板和轮辋，为了便于互换，辐板的螺孔两端面都做成锥形。内轮的辐板靠在轮毂凸缘的外端面上，用具有锥形端面的特制螺母固定在螺栓上。

螺母还制有外螺纹，外轮的辐板紧靠着内轮辐板，并用锁紧螺母来固定。采用这种双螺母固定形式时，为了防止汽车在行驶中固定辐板的螺母自行松脱，汽车两侧车轮上的辐板固定螺栓一般采用旋向不同的螺纹，左侧用左旋螺纹，右侧用右旋螺纹。

2）辐条式车轮。钢质铸造辐条式车轮用于装载量较大的重型汽车上。在这种结构的车轮上，轮辋是用螺栓和特殊形状的衬块固定在辐条上的，为了使轮辋和辐条很好地对中，在其上都加工出配合锥面。

现代轿车大多采用镁铝合金铸造辐条式车轮（图2-5），其车轮重量轻，辐条和轮辋铸成一体提高了车轮的刚度。

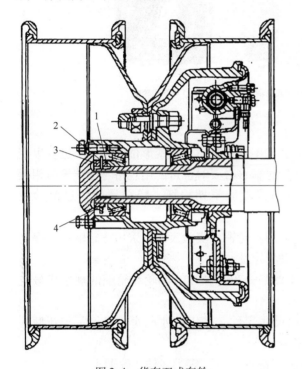

图 2-4　货车双式车轮

1—调整螺母　2—锁止垫片　3—锁紧螺母　4—销钉

图 2-5　辐条式车轮

（2）轮辋

1）轮辋的分类与构造。轮辋常见类别主要有两种：深槽轮辋和平底轮辋。此外，还有对开式轮辋、半深槽轮辋、深槽宽轮辋、平底宽轮辋、全斜底轮辋等。

① 深槽轮辋（图2-6a）。这种轮辋主要用于轿车（如红旗牌轿车）及轻型越野车。它有带肩的凸缘，用以安放外胎的胎圈，其肩部通常略向中间倾斜，倾斜部分的最大直径即称为轮胎胎圈与轮辋的着合直径。为便于外胎的拆装，断面的中部制成深凹槽。深槽轮辋的结构简单、刚度大、重量较轻，对于小尺寸弹性较大的轮胎最适宜，但是尺寸较大、较硬的轮胎则很难装进这样的整体轮辋内。

② 平底轮辋（图2-6b）。这种轮辋的结构形式很多，是我国货车常用的一种形式。挡圈是整体的，用一个开口锁圈来防止挡圈脱出，在安装轮胎时，先将轮胎套在轮辋上，然后套上挡圈，并将它向内推，直至越过轮辋上的环形槽，再将开口的弹性锁圈嵌入环

形槽中。

③ 对开式轮辋（图2-6c）。这种轮辋由内外两部分组成，其内外轮辋的宽度可以相等，也可以不相等，两者用螺栓连成一体，拆装轮胎时拆卸螺栓上的螺母即可。挡圈是可拆的，有的无挡圈，而由与内轮辋制成一体的轮缘代替挡圈的作用，内轮辋与辐板焊接在一起。这种轮辋只能装用单个轮胎，主要用于大、中型越野车上。

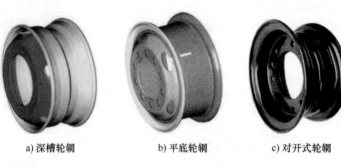

a) 深槽轮辋　　　　　　b) 平底轮辋　　　　　　c) 对开式轮辋

图2-6　轮辋的结构形式

由于轮辋是轮胎装配和固定基础，当轮胎装入不同轮辋时，其变形位置与大小也发生变化。因此，每种规格的轮胎最好配用规定的标准轮辋，必要时也可配用规格与标准轮胎相近的轮辋（容许轮辋）。如果轮辋使用不当，会造成轮胎早期损坏，特别是使用过窄的轮辋时。

为了适应提高轮胎负荷能力的需要，开始采用宽轮辋。实验表明，采用宽轮辋可以提高轮胎的使用寿命，并可改善汽车的通过性和行驶稳定性。

2）国产轮辋规格的表示方法。国标GB/T 2933—2009规定，车轮和轮辋的规格代号应使用数字和字母按下面优先顺序表示：

① 轮辋名义直径：现行轮辋的名义直径用尺寸代号（基于英寸尺寸）表示；与新型的轮胎一起使用的新型轮辋，其名义直径用毫米表示。

② 轮辋形式：符号"×"表示一件式轮辋；符号"—"表示多件式轮辋。

③ 轮辋名义宽度：现行轮辋名义宽度用尺寸代号（基于英寸尺寸）表示；与新型的轮胎一起使用的新型轮辋，其名义宽度用毫米表示。

④ 轮辋轮廓：用字母表示装胎侧的轮辋轮廓，汽车用表示轮缘类型的字母主要有B、J、K；轮辋轮廓类型有深槽轮辋（DC）、深槽宽轮辋（WDC）、半深槽轮辋（SDC）、平底轮辋（FB）、平底宽轮辋（WFB）、全斜底轮辋（TB）、对开式轮辋（DT）。在规格代号标注中，轮缘标识在前，轮廓标识在后，深槽轮辋轮廓标识可以省略。

⑤ 轮缘高度：主要用于非道路车辆用轮辋的标注。

示例：ⓐ乘用车：13×4.5B，16×6J；ⓑ轻型商用车：15×5 1/2J，15－5.50F SDC；ⓒ中型/重型商用车20—7.5等。

二、轮胎

现代车辆几乎都采用充气轮胎，轮胎安装在轮辋上，直接与路面接触。轮胎的功用是支承车辆的全部重量；保证和路面有良好的附着性，以提高车辆的牵引性、制动性、转向和通过性能；与悬架配合，减弱由于路面不平所造成的冲击和振动，改善车辆的平顺性。

1. 轮胎的分类

1）按轮胎内空气压力的大小，可将轮胎分为高压胎（0.5～0.7MPa）、低压胎（0.2～0.5MPa）和超低压胎（0.2MPa以下）三种。低压胎弹性好、减振性能强、壁薄散热性好、与地面接触面积大，附着性好，因而广泛用于轿车。超低压胎在松软路面上具有良好的通过能力，多用于越野汽车及部分高级轿车。

2）按轮胎用途，可将轮胎分为货车轮胎和轿车轮胎。而货车轮胎又分为重型、中型和轻型货车轮胎。

3）按轮胎胎体结构的不同，可将轮胎分为充气轮胎和实心轮胎。现代汽车绝大多数采充气轮胎。

4）按轮胎有无内胎，可将轮胎分为有内胎轮胎和无内胎轮胎两种。目前，轿车上普遍采用无内胎轮胎。

5）按轮胎胎体帘布层结构的不同，可将轮胎分为斜交轮胎和子午线轮胎。目前，子午线轮胎在汽车上得到广泛应用。

6）按轮胎的花纹不同，可将轮胎分为普通花纹轮胎、组合花纹轮胎和越野花纹轮胎。

7）按轮胎帘线材料的不同，可将轮胎分为人造丝（R）轮胎、棉帘线（M）轮胎、尼龙（N）轮胎和钢丝（G）轮胎。

目前，轿车上应用的轮胎主要是低压（超低压）、无内胎的子午线轮胎。

2. 轮胎的结构

（1）有内胎轮胎　有内胎轮胎由外胎、内胎和垫带等组成，使用时安装在汽车车轮的轮辋上，如图2-7所示。

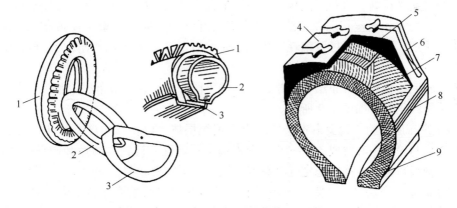

图2-7　有内胎轮胎

1—外胎　2—内胎　3—垫带　4—胎冠　5—缓冲层　6—胎肩　7—帘布层　8—胎侧　9—胎圈

1）外胎。外胎由胎面、帘布层、缓冲层和胎圈组成。

① 胎面。胎面是轮胎的外表面，可分为胎冠、胎肩和胎侧三部分。

胎冠与路面直接接触，并产生附着力，使车辆行驶和制动。为使轮胎与地面有良好的附着性能，防止纵、横向滑移，在胎面上制有各种形状的花纹，如图2-8所示，主要有普通花纹、组合花纹、越野花纹等。普通花纹中的纵向折线花纹（图2-8a）最适合于在较好的硬路面上高速行驶，广泛用于轿车、客车及货车等各种车辆上；横向花纹（图2-8b）是沿轮胎宽度方向加工成沟槽，适用于货车。组合花纹（图2-8c）由纵向折线花纹和横向花纹组合而成，在良好路面和不良路面上都可提供稳定的驾驶性能，广泛用于客车和货车上。越野花纹（图2-8d）的沟槽深而粗，在软路面上与地面有良好的附着性能，越野能力强，适用于矿山、建筑工地及其他一些在松软路面上使用的越野汽车。

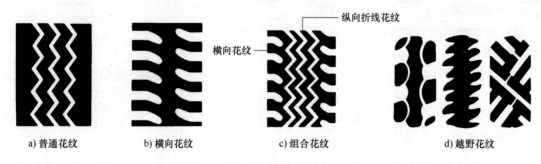

| a) 普通花纹 | b) 横向花纹 | c) 组合花纹 | d) 越野花纹 |

图2-8　胎面花纹

胎肩是较厚的胎冠和较薄的胎侧间的过渡部分，一般也制有各种花纹，以提高该部分的散热性能。

胎侧又称胎壁，它由数层橡胶构成，覆盖轮胎两侧，保护内胎免受外部损坏。胎侧在行驶过程中，不断地在载荷的作用下发生挠曲变形。胎侧上标有厂家名称、轮胎尺寸及其他资料。

② 帘布层。帘布层是外胎的骨架，主要用于承受载荷，保持外胎的形状和尺寸，并使其具有足够的强度。为使载荷均匀分布，帘布层通常由成双数的多层帘布用橡胶贴合而成，相邻层的帘线交叉排列。帘布层数越多，轮胎的强度越大，但弹性下降。帘线材料可以是棉线、人造丝、尼龙和钢丝。现在帘线多采用聚酰纤维和金属丝制造，使帘布层数减少到4层，甚至是两层，既减少了橡胶消耗，提高了轮胎质量，又降低了滚动阻力，延长了轮胎的使用寿命。

目前，轮胎结构按照帘布层帘线排列方式的不同分为：斜交帘布层轮胎、带束斜交帘布层轮胎和子午线轮胎，如图2-9所示。

a. 斜交帘布层轮胎。斜交帘布层轮胎有个编织层体，以相反角度交替编织形成交叉结构。角度变化与轮胎中心线成$30° \sim 38°$，这对高速稳定性、行驶平顺性和操纵性都有影响。一般说来，帘线角越小，高速稳定性就越好，而行驶平顺性较差，如图2-9a所示。

b. 带束斜交帘布层轮胎。除了在胎冠下沿轮胎圆周有两条或几条带束之外，带束斜交帘布层轮胎与斜交帘布层轮胎相似。这种结构的侧壁强度高、胎冠稳定性较大。与道路接触期间，带束使胎冠的运动减少，于是胎冠寿命延长。人造丝、尼龙、聚酯、玻璃纤维和钢丝等不同组合的帘布层和带束采用带束斜交帘布结构，带束斜交帘布层轮胎通常比常用斜交帘布层轮胎成本高，但寿命可提高40%，如图2-9b所示。

c. 子午线轮胎。子午线轮胎是用钢丝或植物纤维制作的帘布层，其帘线与胎面中心的夹角接近90°，并从一侧胎边穿过胎面到另一侧胎边，帘线在轮胎上的分布好像地球的子午线，所以称为子午线轮胎，如图2-9c所示。由于子午线轮胎具有帘布呈子午线环形排列、胎体与带束层帘布线形成许多密实的三角网状结构的特点，因此，子午线轮胎帘线的强度得到充分利用，从而可大量地减少帘布层，减轻了轮胎的重量，并大大提高了胎面的刚性；减

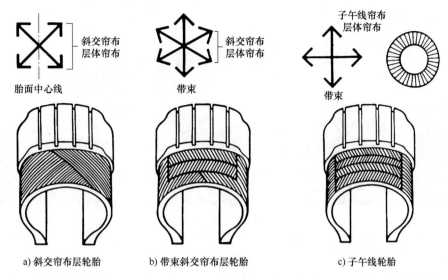

图 2-9　轮胎的结构类型

少了胎面与路面的滑移现象，提高了轮胎的耐磨性。与普通斜交轮胎相比，子午线轮胎重量轻，轮胎弹性大，减振性能好，具有良好的附着性能，滚动阻力小，承载能力大，行驶中胎温低，胎面耐穿刺，轮胎使用寿命长。其缺点是轮胎成本高，胎侧变形大，容易产生裂口，且侧向稳定性差。

③ 缓冲层。缓冲层夹在胎面和帘布层之间，由两层或数层较稀疏的帘布和橡胶制成，弹性较大。它的作用是加强胎面与帘布层之间的结合，防止汽车紧急制动时胎面与帘布层脱离，并缓和汽车行驶时所受到的路面冲击。

④ 胎圈。胎圈是帘布层的根基，轮胎靠胎圈固定在轮辋上。胎圈由钢丝圈、帘布层包边和胎圈包布组成，具有较大的刚度和强度。

2）内胎。内胎是一个环形的橡胶管，上面装有气门嘴，以便充入或排出空气。为使内胎在充气状态下不产生褶皱，其尺寸应稍小于外胎的内壁尺寸。

3）垫带。垫带是一个环形的橡胶带，放在内胎与轮辋之间，防止内胎被轮辋及外胎的胎圈擦伤和磨损。

（2）无内胎轮胎　无内胎轮胎在外观上与普通轮胎相似，但是没有内胎及垫带。它的气门嘴用橡胶垫圈和螺母直接固定在轮辋上，空气直接充入外胎中，其密封性由外胎和轮辋来保证，如图 2-10 所示。

无内胎轮胎的内壁有一层橡胶密封层，有的在该层下面还有一层自黏层，能自行将刺穿的孔黏合。在胎圈外侧也有一层橡胶密封层，用以加强胎圈与轮辋之间的气密性。无内胎轮胎一旦被刺破，穿孔不会扩大，故漏气缓慢，胎压不会急剧下降，仍能继续行驶一定距离，可消除爆胎的危险。因无内胎，摩擦生热少、散热快，适用于高速行驶；此外，无内胎轮胎结构简单、重量较轻、维修方便。但密封层和自黏层易漏气，途中修理也较困难。无内胎轮胎必须配用深槽轮辋，无内胎轮胎近年来应用非常广泛，轿车几乎均使用无内胎轮胎。

3. 轮胎特殊用途

（1）应急轮胎　汽车上装用的备胎是在汽车上的某一条轮胎爆破或漏气时才使用的。

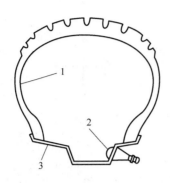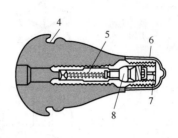

图 2-10　无内胎轮胎安装和气门嘴

1—衬里　2—气门杆　3—轮辋　4—将气门封装在轮辋上的槽　5—回位弹簧　6—盖　7—销　8—单向阀芯

汽车的备胎随着时间的流逝发生着变化，以前汽车装备的备胎，与其余轮胎规格相同。最近的轿车装备的备胎大都是 T 型备胎。T 型备胎的 T 是英语"Temporary"的首字母，意思为"应急"或"临时"。轮胎爆破或漏气时，装上它后可以保证汽车行驶到维修站，以便尽快修复故障轮胎或换上正规轮胎，因此称为应急轮胎。这种应急轮胎比正规轮胎的尺寸小，是高压轮胎，作为轮胎的性能不如标准轮胎。因此，在装用这种备胎时，需要避免高速行驶或紧急制动，而且最好不要用在驱动轮。但是，它可以缩小装备空间，加大行李舱，减轻车重。另外，这种应急轮胎成本低，唯一不足的是爆破的轮胎无法装入原来存放备胎的地方。

此外，对于行李舱空间小的运动车，一般采用折叠备胎或紧凑性备胎。这种备胎也是应急用，必须避免高速行驶，轮胎的侧面（胎侧）为折叠结构，收装空间比 T 型备胎小。

折叠备胎在折叠状态下不能使用，需要专用的压缩机和气瓶充气，待轮胎膨胀后才可使用。收装时，只要将空气放掉，按原状折好，轮胎外径骤然变小。

（2）泄气保用轮胎　轮胎制造商已经设计出在轮胎被刺穿、轮胎漏气时仍能安全运行的轮胎。它有一个胎侧加强层，加强层使用了一种厚材料，这种材料有几个重要的特点。首先它非常柔韧；其次这种材料使用的是低迟滞性橡胶，低迟滞性材料在放气后能很快恢复到原来的形状；这种材料还具有很好的耐热性。轮胎泄气时，轮胎材料有发热的趋势，泄气保用轮胎的耐热性可以保护轮胎免受这种额外热量的破坏；其胎面与标准轮胎一样，用来保持舒适性和操纵性，甚至在漏气的情况下仍能保持这些性能；为了保证轮胎气压降低后胎圈不与轮辋分离，还专门设计了一个特殊的胎圈。

三、轮胎的规格与标记

1. 轮胎规格

轿车轮胎规格国家标准 GB/T 2978—2014 和载货汽车轮胎规格国家标准 GB/T 2977—2016 中规定的两种标记形式如图 2-11 所示，标注示例如图 2-12 所示。

2. 速度等级

轮胎的速度性能一般应和汽车的最高速度相匹配，为此轮胎需标明其速度等级，速度等级在国标中用大写拉丁字母表示，其具体代号可查阅国家标准 GB/T 2978—2014 和 GB/T 2977—2016 中相关的内容。

3. 负荷能力

轮胎的负荷能力是指在一定行驶速度和相应充气压力时的最大载质量，它的表示方法有

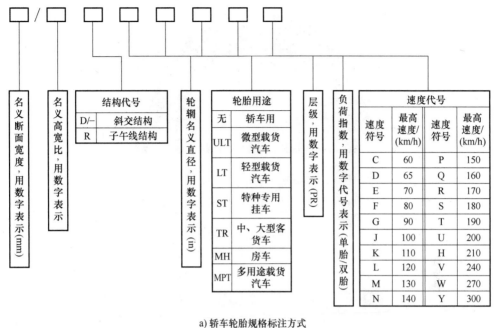

a) 轿车轮胎规格标注方式

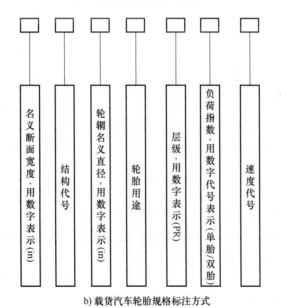

b) 载货汽车轮胎规格标注方式

图 2-11　轮胎规格的标注方式

三种：

（1）以"层级"（PR）表示　这是最早的表示方法。轮胎上表示的层级并不代表实际的帘线层数，只代表近似于棉帘线层数的载质量。例如，9.00-20-14 层级全钢丝子午线轮胎，实际胎体钢丝帘线只有一层，但它的载质量却相当于 14 层棉帘线 9.00-20 斜交轮胎。

（2）以"负荷指数"表示　这是目前国际上子午线轮胎普遍采用的表示方法，以阿拉伯数字标记在轮胎侧面，如 9.00R20。原来 14 层级的子午线轮胎，如今在轮胎胎侧上标为

图 2-12　轮胎标注方式示例

注：1in = 25.4mm。

900R20140/137，表示单胎负荷指数为140，相当于载质量2500kg，双胎负荷指数为137，相当于载质量为2300kg。

（3）以"负荷级别"表示　这是美国为了避免"层级"这种表示方法容易同实际层数混淆而采用的替代方法，以拉丁字母表示，例如"G"表示相当于同规格轮胎14层级的载质量。

我国国家标准规定以"层级"表示负荷能力。但用引进技术生产的子午线轮胎以及有的国内轮胎厂生产的子午线轮胎，还同时标明"负荷指数"或"负荷级别"。在这三种表示方法中，因为"负荷指数"直接代表载质量，而且可以在轮胎上同时标明单胎和双胎的"负荷指数"，所以对使用者来讲是最方便的。而要知道每一个轮胎规格的"层数"和"负荷级别"所代表的载质量，还要查每个轮胎规格的标准规定，则相对较麻烦。"负荷指数"所代表的负荷的意义可通过查阅国家标准 GB/T 2978—2014 和 GB/T 2977—2016 中相关的描述。

另外，在轮胎规格前加"P"表示轿车轮胎；在胎侧标有"REINFORCED"表示经过强化处理，"RADIAL"表示子午线轮胎，"TUBELESS"（或 TL）表示无内胎，"M + S"（Mud and Snow）表示适于泥地和雪地，"→"表示轮胎旋向，不可装反。

【技能训练】

一、轮胎的异常磨损诊断

轮胎主要故障是轮胎花纹的异常磨损。检查花纹的异常磨损，可以发现故障的早期征兆

和原因，以便及时排除影响轮胎寿命的不良因素，防止早期磨损和损坏。

轮胎异常磨损，除磨损过快外，还有其他种种特征。轮胎异常磨损的原因除轮胎气压过高或过低外，主要是底盘技术状况变坏，如前轮定位不正确、轮毂轴承松旷、横拉杆球节和主销衬套间隙过大，车轮不平衡，轮辋变形或不配套，车桥或车架变形和钢板弹簧技术状况不良等，轮胎异常磨损的特征与原因见表 2-1。

表 2-1 轮胎异常磨损的特征与原因

特 征	原 因	特 征	原 因
胎冠过度磨损	气压过高（轮胎气压一般为 0.23~0.25MPa）	锯齿（羽毛）状磨损	前束失准，主销衬套松旷，控制臂球节或衬套松旷（内侧羽状：前束小；外侧羽状：前束大）
胎肩过度磨损	气压过低	贝壳形磨损	悬架部件和连接车轮的部件（球节、车轮轴承、减振器、弹簧衬套等）磨损，车轮不平衡，制动器故障
		杯形磨损	
单边磨损	前轮外倾角失准，后桥壳变形（外侧磨损：外倾角过大）	第二道花纹过度磨损（只出现在子午线轮胎上）	轮辋太窄而轮胎太宽，不配套

二、轮胎充气

充气适当的轮胎（图 2-13a）寿命长、舒适性好、操纵性稳定，而且正常行驶工况的油耗低；充气不足（图 2-13b）会导致轮胎噪声、转向困难、轮胎过热、异常磨损和油耗增加；充气过量（图 2-13c）则使汽车平顺性差、轮胎损伤和胎冠中间快速磨损。

三、轮胎磨损检测

轮胎磨损主要是胎冠花纹磨损，轮胎磨损过多、花纹过浅，会成为重要的不安全因素。

a) 充气适当

b) 充气不足

c) 充气过量

图 2-13　轮胎充气的影响

据统计，轮胎全部问题的 90% 是发生在它的寿命最后的 10% 之内。过度磨损的轮胎，除容易爆胎外，还会使水滑的倾向严重，汽车操纵稳定性变坏。用深度尺检查轮胎花纹的深度如图 2-14 所示，深度小于规定值时应及时更换轮胎。轿车轮胎胎冠上的花纹规定值一般为 2 ~ 3mm。轮胎除了磨损损坏，还有擦伤、鼓包及老化等故障，应一并检查。

四、轮胎/车轮摆差检测

偏离中心的轮胎会产生跳动，这就是熟知的径向摆差或偏心度，向两侧的摆动称为横向摆差。若内含摆差的轮胎与车轮摆差错配，合成摆差会超过平衡重校正故障的能力。因此，是否摆差过大是车轮平衡检查的一部分。

检测在车上进行，检测轮胎前要清洁车轮，检视轮胎是否有异常隆起或变形。轮胎充到规定载荷充气压力，车轮轴承调整符合规范，用千分表进行检测。在胎冠面中央和外棱测量轮胎径向摆差，在轮胎侧壁上的抛光棱上面测量横向摆差如图 2-15 所示。斜交帘布层轮胎或带束斜交帘布层轮胎，径向摆差不超过 2.6mm，横向摆差不得超过 2.5mm。子午线轮胎，径向摆差不超过 2mm，横向摆差不超过 2.5mm。

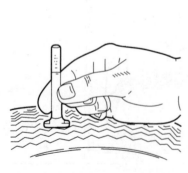
图 2-14　轮胎花纹深度检测

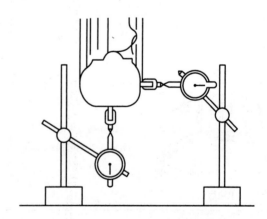
图 2-15　用千分表测量轮胎摆差

如果轮胎摆差超过规定极限，则应检查车轮的摆差，在轮辋边缘检测车轮的径向和横向摆差，车轮径向摆差不超过 0.89mm，横向摆差不超过 1mm。将轮胎摆差的最高点和车轮摆差的最高点位置错开 90°重新安装后再次检查，若仍然超过规定值，就应更换相应的部件。

五、车轮拆装与换位

为防止车轮及轮毂变形，拆装车轮时要按图 2-16 所示的顺序依次拧紧或旋松车轮螺栓，

并且要分两到三次拧紧或旋松车轮螺栓，装配车轮时最后要拧紧到维修手册中规定的力矩。

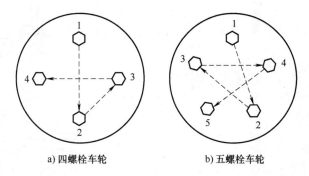

a) 四螺栓车轮 　　　　　b) 五螺栓车轮

图 2-16　车轮螺母拧紧顺序

由于前后轮轮胎完成不同的工作，如驱动、转向及随动等，转向轮胎通常沿外缘磨损，驱动轮胎磨损发生在轮胎的中央，随动轮胎磨损较轻。为了使轮胎磨损均匀，要定期对轮胎进行换位，轮胎换位里程一般为 8000 ～ 10000km，轮胎的换位方式如图 2-17 所示。

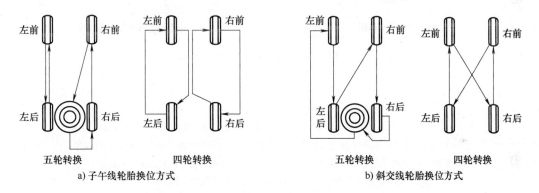

五轮转换　　　　　四轮转换　　　　　　五轮转换　　　　　四轮转换

a) 子午线轮胎换位方式　　　　　　　　b) 斜交线轮胎换位方式

图 2-17　子午线轮胎和斜交线轮胎的换位方式

六、轮胎拆装

图 2-18 所示为百斯巴特 MS65 轮胎拆装机。

（1）拆胎步骤

1）将轮胎内的气放干净。

2）去掉轮辋上所有铅块。

3）将轮胎放到如图 2-19 所示位置，反复转动轮胎并压下 E，踩下 B 使轮胎和轮辋彻底分离。

4）将轮辋放在卡盘上，踩下踏板 C，锁住轮辋。

5）在轮胎内圈抹好润滑脂。

6）将拆装臂拉下，使卡头内滚轮与轮辋边缘贴住，用 H 杆将扒臂卡紧。

7）用撬棍将轮胎挑到（轮胎）拆装头上，如图 2-20 所示。踩下踏板 C，使卡盘旋转，将一侧轮胎扒出。

8）用相同的方法将另一侧轮胎扒出。

9）如果轮胎较大，拆装时可以踩下踏板 D 使立柱俯/仰，以便于工作。

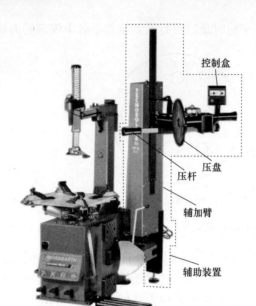

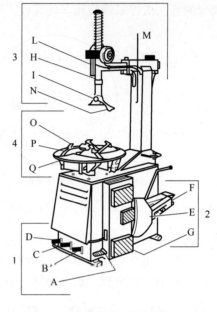

a) 轮胎拆装机总体图　　　　　　　　b) 轮胎拆装机的主体结构

图 2-18　百斯巴特 MS65 轮胎拆装机

1—控制踏板　A—转换踏板：机身两侧都有，踩下后转换卡盘转动的方向　B—轮胎挤压臂踏板：
踩下后拉动挤压臂 F，实现轮胎侧挤压　C—张开/闭和盘上卡爪踏板　D—控制柱子俯/仰位置踏板
2—轮胎挤压装置　F—轮胎挤压臂　E—轮胎挤压板　G—保护支承垫
3—立柱上相关装置　M—可俯仰的立柱：工作期间可以令柱子俯仰以便于装夹和取下车轮
L—气动锁止手柄：旋此手柄可以锁定扒胎臂位置柱　H—带气动装置的扒胎臂：可以用
气动手柄将扒胎臂上下、前后移动在工作位置　I—内嵌式滚轮：内嵌式滚轮可加塑料套，
可防止损害轮辋　N—扒胎装置：扒胎装装头用于拆装轮胎
4—自定心卡盘　P—夹具滑轨　O—夹具，卡爪可以安装塑料保护套　Q—工作转盘

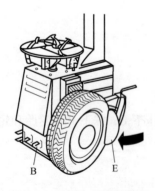

图 2-19　轮胎与轮辋的分离　　　图 2-20　用撬棍将轮胎挑到（轮胎）拆装头上

10）对于扁平率比较低的轮胎，可以使用压杆和压盘对轮胎侧壁充分旋转挤压，以便于轮胎拆装，如图 2-21 所示。

（2）安装轮胎

1）先在轮胎内侧边缘涂抹润滑液。

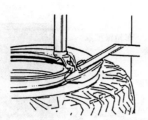

图 2-21　用压杆和压盘辅助拆装轮胎

2）用与拆胎同样的方法将轮辋固定在卡盘上，将轮胎放到轮辋上沿上，并确定好气眼的位置。

3）移动拆装臂压住轮胎边缘，踩下踏板，逐渐将轮胎压入轮辋内，如图 2-22 所示。

4）用同样的方法将上侧轮胎压入钢圈，完成轮胎安装。

5）可使用附加臂压盘压杆协助工作，如图 2-23 所示。

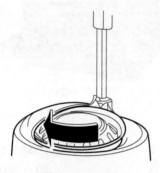
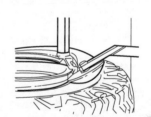

图 2-22　轮胎装配　　　　　　　　　　图 2-23　压盘压杆辅助装胎

6）对安装好后的轮胎进行充气。

七、轮胎动平衡

轮胎动平衡的检测用动平衡机进行，如图 2-24 所示。

1）打开平衡机电源开关，面板上会先显示出机器的软件版本号，并进行自检。自检完成之后，面板会显示出"00"。

2）把要平衡的轮胎小心地安装在平衡机轴上，用合适的锥体和卡具把轮胎可靠地固定在法兰盘上。

3）用"平衡程序选择键"来选择相应的平衡程序。测量轮辋间距、轮辋宽度如图 2-25、图 2-26 所示，查看或测量轮辋直径，并输入数数值（如设备配有电子测量尺，可通过电子测量尺测量相关数据，设备会根据电子测量尺测量结果自动输入测量数值）。

4）扣上安全保护罩，按 START 键启动平衡过程。过程结束后，两侧不平衡重量会自动显示出来。抬起安全保护罩，根据操作面板上的箭头和绿色指示灯指示，找到不平衡测量点，确定粘贴平衡块的位置。踩下制动，在本侧平衡机转轴正上方（12 点位置）处装上相应重量的铅块。

5）再次扣上安全保护罩进行平衡测试，检查不平衡量，若为不平衡，重复上述步骤，直到车轮动平衡。

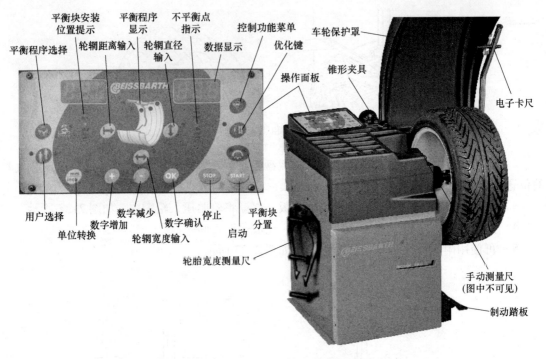

图 2-24　百斯特 MT836 车轮动平衡机

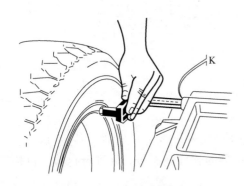

图 2-25　轮辋间距测量

图 2-26　轮辋宽度测量

【课后测评】

1. 车轮有何功用？它主要由哪几部分组成？

2. 车轮有哪些类型？

3. 轮辐由哪几部分组成，各有何特点？

4. 轮胎有何功用？轮胎分为哪些类型？

5. 轮胎由哪几部分组成？各有何特点？

6. 国产轮胎的规格如何表示？

7. 轮胎异常磨损有哪些特征？说明其原因。

8. 简述车轮拆装、换位的方法。

项目三

悬架的检修

【项目目标】

1. 掌握悬架的作用及类型。
2. 掌握悬架的组成及各部作用。
3. 能够对悬架的故障进行诊断与检查。
4. 能够对悬架主要部件进行更换。

【知识准备】

一、概述

汽车悬架是车架（或承载式车身）与车桥（或车轮）之间一切传力装置的总称。它把车架与车轮弹性地联系起来，它将路面作用于车轮上的垂直反力（支承力）、纵向反力（牵引力和制动力）和侧向力以及这些反力所产生的力矩传给车架（或承载式车身），以保证汽车的正常行驶。图3-1为常见的轿车悬架结构。

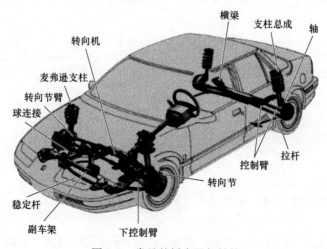

图 3-1　常见的轿车悬架结构

1. 悬架的功用

汽车行驶在各种路面上，如果没有悬架，不仅乘坐不舒适，而且发动机的动力也不能有效地发挥，还会影响汽车的制动性能。

悬架系统具有以下功用：

1）对不平整路面所造成的汽车行驶中的各种颤抖、摇摆和振动等，与轮胎一起，予以吸收和减缓，从而保障乘客和货物的安全，以提高驾驶稳定性与舒适性。

2）将路面与车轮之间摩擦所产生的驱动力和制动力传输至底盘和车身。

3）支承车桥上的车身，并使车身与车轮之间保持适当的几何关系。

2. 悬架的类型

1）按阻尼和刚度是否随行驶条件而变化，悬架可分为被动悬架、主动悬架和半主动悬架。

① 被动悬架：悬架的刚度和阻尼系数均不可调整，其参数是兼顾汽车所有性能而确定的折中值且不随外部工况的变化而改变，因此只在某个特定工况是最优的，在车速、载荷和路面情况等发生变化时，难以同时获得良好的乘坐舒适性和操纵稳定性，也缺乏灵活性。

② 主动悬架：能够根据汽车的运动状态和路面状况，适时地调节悬架的刚度和阻尼，使悬架系统处于最佳的减振状态，使车辆在各种路面状况下都会有良好的舒适性。

③ 半主动悬架：只有悬架阻尼可以自动调节的悬架，车辆的操纵性和舒适性处于被动悬架和主动悬架之间。

2）按结构特点，悬架可分为非独立悬架和独立悬架。

① 非独立悬架（图3-2a）的结构特点是两侧车轮分别安装在一根整体式的车桥上，车轮和车桥一起通过弹性元件悬挂在车架（或车身）下面，所以一侧车轮发生位置变化后会导致另一侧车轮的位置也发生变化。

② 独立悬架（图3-2b）则是两侧车轮分别安装在断开式的车桥两端，每段车桥和车轮单独通过弹性元件与车架相连。这样当一侧车轮跳动时，对另一侧车轮不产生影响。

独立悬架的前轮可调整其定位，故在轿车上被广泛采用，而非独立悬架因结构简单、制造和维修方便，故中、重型汽车普遍采用。

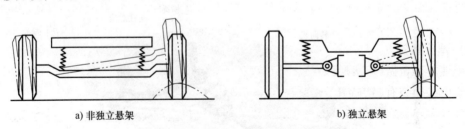

a) 非独立悬架　　　　　　　　　　　b) 独立悬架

图3-2　非独立悬架与独立悬架示意图

二、悬架的组成

悬架一般由弹性元件、减振器和导向装置组成。

1. 弹性元件

弹性元件用来承受并传递垂直载荷，缓和不平路面、紧急制动、加速和转弯引起的冲击或车身位置的变化。为了缓和冲击，在汽车行驶系统中，除了采用弹性的充气轮胎之外，在悬架中还必须装有弹性元件，使车桥与车架（或车身）之间作弹性连接。悬架采用的弹性元件有钢板弹簧、螺旋弹簧、扭杆弹簧和气体弹簧等，如图3-3所示。

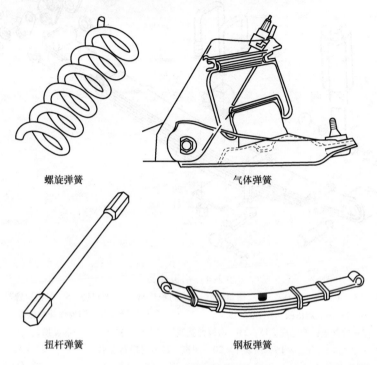

螺旋弹簧　　　　　　　　　　　气体弹簧

扭杆弹簧　　　　　　　　　　钢板弹簧

图3-3　弹性元件

（1）钢板弹簧　钢板弹簧是汽车悬架中应用最广泛的一种弹性元件，它是由若干片等宽但不等长（厚度可以相等，也可以不相等）的合金弹簧钢片叠加而成的一根近似等强度的弹性梁，如图3-4所示。

组成钢板弹簧的若干片长度不等的合金弹簧钢片中最长的一片称为主片，其两端卷成耳，内装衬套，以便用弹簧销与固定在车架上的支架或吊耳做铰链连接。

各弹簧片用中心螺栓连接，以保证各片的相对位置。中心螺栓距两端卷耳中心的距离可以是相等的，称为对称式钢板弹簧；也可以是不相等的，称为非对称式钢板弹簧。

（2）螺旋弹簧（图3-5）　螺旋弹簧广泛地应用于独立悬架，有些轿车的后轮非独立悬架也采用螺旋弹簧做弹性元件。由于螺旋弹簧只能承受垂直载荷，且变形时不产生摩擦力，所以悬架中必须装有减振器和导向机构。

螺旋弹簧用特殊的弹簧钢棒料卷制而成，可以制成圆柱形或圆锥形，也可做成等螺距或变螺距的，圆柱形等螺距螺旋弹簧刚度是不变的，圆锥形或不等螺距螺旋弹簧刚度是可变的。螺旋弹簧与钢板弹簧相比，具有无需润滑，不忌泥污，所占纵向空间不大，弹簧重量轻等优点。

（3）扭杆弹簧（图3-6）　扭杆弹簧是由弹簧钢制成的杆件。扭杆的断面通常为圆形，少数为矩形或管形，其两端制成花键、方形、六角形等形状，以便一端固定在车架上，另一端固定在悬架的摆臂上，扭杆有纵向安装和横向安装两种方式。摆臂与车轮相连，当车轮跳

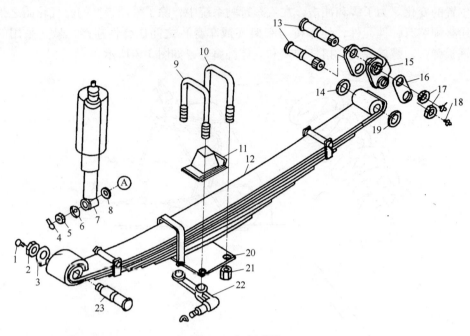

图 3-4　钢板弹簧

1、18—黄油嘴　2、17、21—锁紧螺母　3—防松垫圈　4—开口销　5—带槽口螺母
6、8—避振器垫圈　7—避振器总成　9、10—U 形螺栓　11—钢板弹簧减振垫
12—前钢板弹簧总成　13、23—钢板弹簧销　14、19—衬垫　15—钢板弹簧吊耳
16—锁紧片　20—底板　22—避振器支架

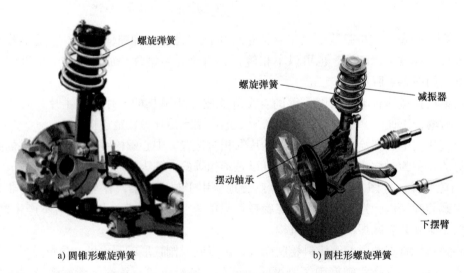

a) 圆锥形螺旋弹簧　　　　　　　　　b) 圆柱形螺旋弹簧

图 3-5　螺旋弹簧

动时，摆臂绕扭杆轴线摆动，使扭杆产生扭转弹性变形，以保证车轮与车架的弹性连接。

（4）气体弹簧　气体弹簧主要有空气弹簧和油气弹簧两种。

气体弹簧是以空气做弹性介质，即在一个密闭的容器内装入压缩空气（气压为 0.5 ～ 1MPa），利用气体的可压缩性实现弹簧的作用。

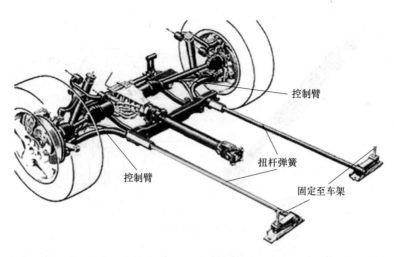

图 3-6　扭杆弹簧

1）空气弹簧又可分为囊式和膜式两种，如图 3-7 所示。这种弹簧随着载荷的增加，容器内压缩空气压力升高，其刚度也随之增加；载荷减少，刚度也随空气压力降低而下降，因而这种弹簧具有理想的变刚度特性。

a) 囊式空气弹簧

b) 膜式空气弹簧

图 3-7　空气弹簧

2）油气弹簧以气体（如氮等惰性气体）作为弹性介质，用油液作为传力介质，利用气体的可压缩性实现弹簧作用，如图 3-8 所示。球形室固定在工作缸上，室内腔用橡胶隔膜将油与气隔开，充入高压氮气的一侧为气室，与工作缸相同而充满油液的一侧为油室。工作缸内装有活塞和阻尼阀及阀座。

当汽车受到的载荷增加时，活塞向上移动，使工作缸内油压升高，打开阻尼阀进入球形室下部，推动隔膜向气室方向移动，气室受到压缩压力升高，使油气弹簧刚度增加；当载荷减小时，气室内的高压氮气伸张，使隔膜向下方（油室）移动，油液通过阻尼阀流回工作缸，活

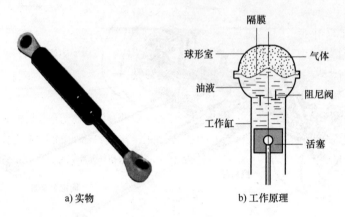

a) 实物　　　　　　　　　b) 工作原理

图 3-8　油气弹簧

塞下移使油压降低。随着汽车行驶中状态的变化，工作缸内的油压与气室内的氮气压力也随之变化，活塞便相应地处于工作缸中的不同位置。因此，油气弹簧有可变刚度的特性。

油气弹簧具有良好的行驶平顺性，而且体积小、重量轻。但是对密封性要求很高，维护相对麻烦。目前，这种弹簧多用于重型汽车和部分小型客车上。

由于空气弹簧和油气弹簧只能承受垂直载荷，因此采用这种弹簧的悬架也必须加设导向装置和减振器。

（5）橡胶弹簧（图 3-9）　橡胶弹簧是利用橡胶本身的弹性来缓和冲击、减小振动的。它可以承受压缩载荷与扭转载荷。橡胶弹簧的优点是：单位质量的储能量较金属弹簧多，隔音性能好，多用在悬架的副簧和缓冲块上。

2. 减振器

汽车在行驶中各个车轮在垂直方向上会受到不同的力的作用，悬架系统中的弹性元件受冲击会相应产生振动，减振器用来衰减由于弹性系统引起的振动，如图 3-10 所示。减振器的类型有筒式减振器、阻力可调式减振器和充气式减振器。减振器用于限制弹簧的自由振荡，提高乘坐舒适性。

图 3-9　橡胶弹簧　　　　　　　　　　　图 3-10　减振器

（1）双作用筒式液压减振器　悬架系统广泛采用液力减振器，其作用原理是利用液体流动的阻力消耗振动的能量。当车架和车桥相对运动时，减振器内的油液反复地经一些窄小的孔隙从一个腔室流入另一个腔室。此时，孔壁与油液间的摩擦及液体分子内摩擦等形成阻

尼力，从而将车身振动的机械能转化为热能被油液和壳体吸收，并散入大气中。阻尼力的大小可通过油液通道的面积、阀门弹簧刚度及油液的黏度等来控制。

目前，汽车上应用最广泛的是双向作用筒式减振器，其结构如图 3-11 所示。它有 3 个同心缸筒，外面的缸筒是防尘罩，其上部的吊耳与车架相连；中间是储油缸筒，内装有一定量的油液，其下端的吊耳与车桥相连；里面是工作缸筒，其内装满油液。它还有 4 个阀，即压缩阀、伸张阀、流通阀和补偿阀。流通阀和补偿阀是一般的单向阀，其弹簧弹力很弱，当阀上的油压作用力与弹簧弹力同向时，阀处于关闭状态，完全不通油液，而当油压作用力与弹簧弹力反向时，只要很小的油压，阀便能开启。压缩阀和伸张阀是卸载阀，其弹簧刚度较大、预紧

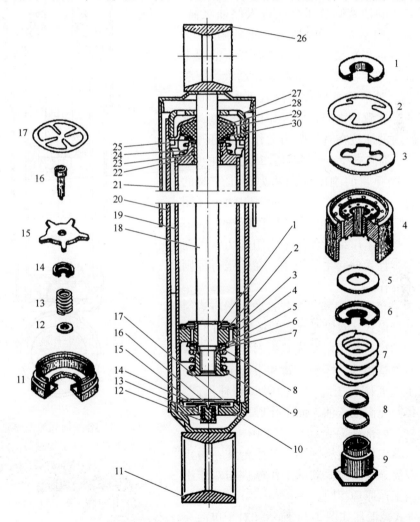

图 3-11　双向作用筒式减振器

1—流通阀限位座　2—流通阀弹簧片　3—流通阀　4—活塞　5—伸张阀　6—支承座圈
7—伸张阀弹簧　8—调整垫片　9—压紧螺母　10—支承座　11—下吊环　12—压缩阀弹簧座
13—压缩阀弹簧　14—压缩阀　15—补偿阀　16—压缩阀杆　17—补偿阀弹簧片　18—活塞杆
19—工作缸筒　20—储油缸筒　21—防尘罩　22—导向座　23—衬套　24—油封弹簧
25—密封圈　26—上吊环　27—储油缸筒螺母　28—油封　29—油封盖　30—油封垫圈

力较大，只有当油压增高到一定程度时，阀才能开启；而当油压降低到一定程度时，阀自行关闭。

双向作用筒式减振器的工作原理如图 3-12 所示。压缩行程：车桥靠近车架，减振器受压缩，活塞下移，工作缸下腔容积减小，上腔容积增大。下腔油压高于上腔，油液压开流通阀进入上腔。由于活塞杆占去上腔部分容积，因此，使上腔增加的容积小于下腔减小的容积，致使下腔油液不能全部流入上腔，而多余的油液则从压缩阀进入储油缸筒。这些阀的流通面积不大，因而造成一定的阻尼力。伸张行程：车桥远离车架，减振器被拉长，活塞上移，使工作缸上腔容积减小，下腔容积增大，上腔油压高于下腔，油液推开伸张阀流入下腔。同样，由于活塞杆的存在致使下腔产生一定的真空度，这时，储油缸筒内的油液在真空吸力的作用下打开补偿阀流入下腔。油液流经这些阀时便产生了阻尼力。

由于伸张阀弹簧的刚度和预紧力比压缩阀的大，且伸张行程油液通道截面比压缩行程的小（图中未画出），所以，减振器在伸张行程所产生的最大阻尼力远远超过了压缩行程的最大阻尼力，因而在压缩行程是弹性元件起主要作用，在伸张行程则是减振器起主要作用。

（2）充气式液压减振器　充气式减振器有双筒式和单筒式两种形式。双筒充气式减振器如图 3-13 所示，其基本结构与双作用筒式减振器相同，活塞阀和底阀上有弹簧垫片、螺旋弹簧和带有节流孔的阀体，构成了流通阀、压缩阀、伸张阀和补偿阀。缸筒内的工作腔充满液压油，而工作腔内充有液压油和高压氮气，内部压力为 0.6 ~ 0.8MPa。由于高压作用，减振器工作时液压油不会产生泡沫，防止气蚀作用。双筒充气式减振器的工作原理与双作用筒式减振器的工作原理相同。

单筒充气式减振器如图 3-14 所示。对于单筒充气式减振器来说，工作腔和机油储油腔处在一个油缸内。因活塞杆及液压油温度变化而引起的容积变化由一个单独的气室来补偿，该气室是由隔离活塞从工作缸中隔离出来的。气室内的压力为 2.5 ~ 3MPa，该压力必须能在压缩时顶住阻尼力。压缩和回弹用的阻尼阀集成在活塞内。

当车轮上下跳动时，工作活塞在油液中作往复运动，使工作活塞的上、下腔室之间产生油压差，压力油便推开进液阀或比例溢流阀而来回流动。由于阀孔对压力油产生较大的阻尼力，因而使振动衰减。隔离活塞随之运动，以补偿活塞杆推进或移出工作腔时产生的容积变化。

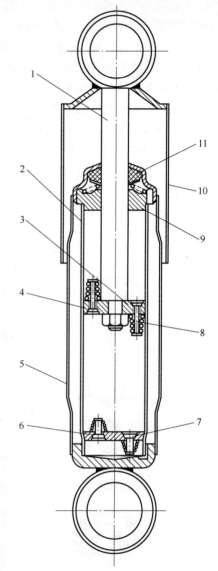

图 3-12　双向作用筒式减振器原理示意图
1—活塞杆　2—工作缸筒　3—活塞
4—伸张阀　5—储油缸筒　6—压缩阀1
7—补偿阀　8—流通阀　9—导向座
10—防尘罩　11—油封

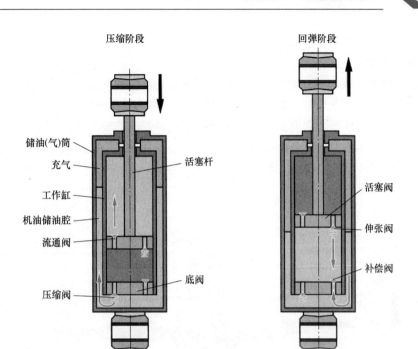

压缩阶段　　　　　回弹阶段

储油(气)筒　　　　活塞杆
充气
工作缸　　　　　　活塞阀
机油储油腔　　　　伸张阀
流通阀　　　　　　补偿阀
压缩阀　　底阀

图 3-13　双筒充气式减振器

3. 导向装置

导向装置用来使车轮按一定运动轨迹相对车身运动，同时起传递力和力矩的作用。导向装置通常由控制摆臂式杆件组成，有单杆式和连杆式两种。钢板弹簧作为弹性元件时，主要应用在非独立悬架中，它本身兼有导向的作用，可不另设导向装置，它主要控制车轮的横向和纵向运动，如图 3-15 所示。

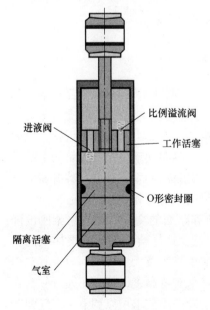

比例溢流阀
进液阀
工作活塞
O 形密封圈
隔离活塞
气室

图 3-14　单筒充气式减振器

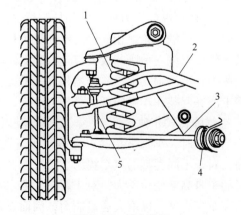

图 3-15　导向装置

1—螺旋弹簧　2—防止车身侧倾稳定杆　3—推动杆　4—衬套　5—稳定杆连杆

三、被动式悬架的典型结构

1. 非独立悬架

（1）钢板弹簧式非独立悬架（图3-16）　这种悬架的钢板弹簧一般纵向布置，所以也称为纵置钢板弹簧式非独立悬架。它中部用 U 形螺栓将钢板弹簧固定在车桥上。悬架前端为固定铰链，也称为死吊耳。它由钢板弹簧销钉将钢板弹簧前端卷耳部分与钢板弹簧前支架连接在一起，前端卷耳孔中为减少磨损装有衬套。后端卷耳通过钢板弹簧吊耳销与后端吊耳及吊耳架相连，后端可以自由摆动，形成活动吊耳。当车架受到冲击、弹簧变形时，两卷耳之间的距离有可能变化。

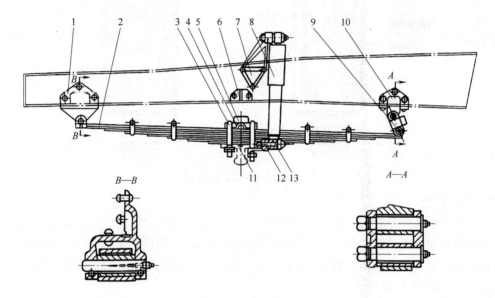

图 3-16　钢板弹簧式非独立悬架

1—钢板弹簧前支架　2—前钢板弹簧　3—U 形螺栓（骑马螺栓）　4—盖板　5—缓冲块
6—限位块　7—减振器上支架　8—减振器　9—吊耳　10—吊耳架　11—中心螺栓
12—减振器下支架　13—减振器连接销

（2）螺旋弹簧式非独立悬架　螺旋弹簧式非独立悬架一般只用于轿车的后悬架，如图3-17所示。两根纵向推力杆的中部与后桥焊接为一体，前端通过带橡胶套的支承座与车身做铰链连接，后端与轮毂相连接。纵向推力杆用以传递纵向力及其力矩。整个后桥、纵向推力杆及车轮可以绕支承座的铰支点连线相对于车身作上、下纵向摆动。螺旋弹簧的上端装在弹簧上座中，下端则支承在减振器外壳上的弹簧下座上，它只承受垂直载荷。减振器的上端与弹簧上座一起装在车身底部的悬架支座中，下端则与纵向推力杆相连接。

（3）空气弹簧式非独立悬架　汽车在行驶时由于载荷和路面的变化，要求悬架刚度随之变化。当空车时，车身被抬高；满载时车身则被压得很低，这样会出现撞击缓冲块的情况。因而，对于不同类型的汽车提出了不同的要求，对于矿山货车及大型客车，要求其空车与满载时的车身高度变化不大；对于轿车，要求在好路上降低车身高度，提高车速行驶，在坏路上提高车身高度，以增大通过能力，因而要求车身高度随使用要求可以调节。空气弹簧式非独立悬架可以满足此要求。

如图3-18所示，囊式空气弹簧的上、下端分别固定在车架和车桥上。经压缩机产生的压缩空气经油水分离器和压力调节器进入储气筒。压力调节器可使储气筒中的压缩空气保持一定的压力。储气罐通过管路与两个空气弹簧相通。储气罐和空气弹簧中的空气压力由车身高度调节阀控制，空气弹簧只承受垂直载荷，因而必须加设减振器，其纵向力和横向力及其力矩由悬架中的纵向推力杆和横向推力杆来传递。

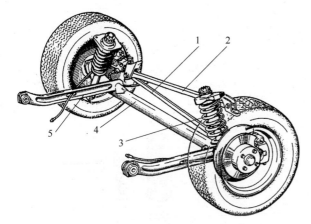

图3-17　螺旋弹簧式非独立悬架

1—横向推力杆　2—加强杆　3—螺旋弹簧和
减振器总成　4—后轴　5—纵向推力杆

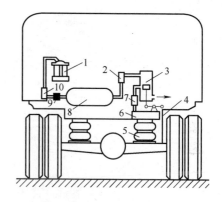

图3-18　空气弹簧式非独立悬架示意图

1—压缩机　2、7—滤清器　3—车身高度控制阀
4—控制杆　5—空气弹簧　6—储气罐
8—储气筒　9—压力调节器　10—油水分离器

（4）油气弹簧式非独立悬架　如图3-19所示，为油气弹簧式非独立悬架，两个油气弹簧的两端分别固定在前轴的支架上。左、右两侧各有一根下纵向推力杆，装在前轴和纵梁之间。一根上纵向推力杆安装在前轴的支架和纵梁的内侧支架上。上、下两纵向推力杆构成平行四边形，既可传递纵向力，承受制动力引起的反作用力矩，又可保证车轮上下跳动时主销倾角不变，有利于汽车操纵稳定性。一根横向推力杆装在左侧纵梁和前轴右侧的支架上，传递侧向力。在两纵梁下面装有缓冲块，以避免在很大的冲击载荷作用下前轴直接碰撞车架。

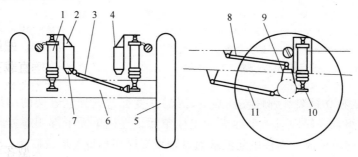

图3-19　油气弹簧式非独立悬架示意图

1—油气弹簧　2、9、10—支架　3—横向推力杆　4—纵梁　5—车轮　6—前轴
7—缓冲块　8—上纵向推力杆　11—下纵向推力杆

2. 独立悬架

独立悬架的类型有很多，这里以中高级车型常见的独立悬架为例来讲述。独立悬架主要元件包括轮轴组件、控制臂、球节、减振器和弹簧，如图3-20所示。

（1）前轮独立悬架　前轮独立悬架除了用于承载车身，还有转向功能。前轮独立悬架的减振器与弹簧一般装于一体，其结构如图3-21所示。

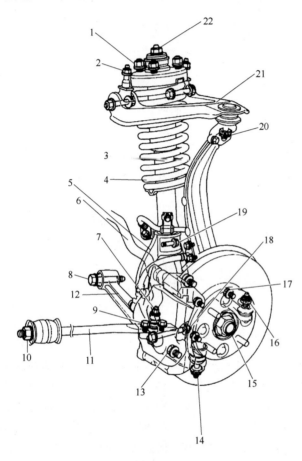

图3-20　独立悬架系统

1、2、7、8、9、10、13、14、15、16、17、18、19、20、22—螺母或螺栓，按规定扭力拧紧，轮毂轴承预紧螺栓15的预紧度很大可达250N·m　3—减振器装置　4—螺旋弹簧　5—减振器叉 6—稳定器轴　11—半径杆　12—下臂　21—上臂

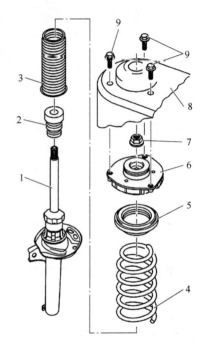

图3-21　前轮独立悬架

1—减振器　2—限位缓冲块　3—保护套 4—螺旋弹簧　5—推力球轴承 6—弹簧座　7—螺母 8—减振器支座　9—螺栓

1）麦弗逊式独立悬架（弹性支柱独立悬架）。麦弗逊式独立悬架的结构特点是筒式减振器与螺旋弹簧组合一起构成一个独立的支柱单元，支柱单元下部用螺栓与转向节固定连接，构成支柱转向节总成，支柱单元上端通过轴承支撑在车身上形成铰链，转向节下端通过球形连接与A型臂（呈A字形的臂）铰接，两个有弹性衬套的轴销把A型臂与车身（车架）相连，主销轴线为支柱上支承中心与下转向节球销铰接点连线。

麦弗逊式独立悬架具有结构紧凑、集成度高，重量轻等优点。它占用的空间小，发动机舱空间大，便于布置机械部分，车头吸能区域设计更自由，乘员舱空间表现更好。

A 型臂也可换成两连杆，两连杆在同一平面内其延长线交于一点形成 A 字形，将这样的两连杆称为虚拟 A 型臂顶点即为主轴销轴线经过点，如图 3-22 所示。

麦弗逊式独立悬架的缺点是横向刚性较差，对车辆俯仰以及转矩转向抑制不足。

2）Hiper-Strut 独立悬架。所谓 Hiper-Strut 是 High Performance Strut（高性能减振器）的缩写。Hiper-Strut 前悬架是改良的麦弗逊式悬架，如图 3-23 所示，其操控性能优于典型麦弗逊式前悬架。

图 3-22 虚拟 A 型臂式麦弗逊式独立悬架

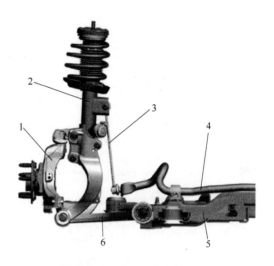

图 3-23 Hiper-Strut 独立悬架
1—转向节 2—减振器支柱 3—稳定杆连杆
4—稳定杆 5—车架 6—A 型臂

HiPer-Strut 结构特点是：转向节上端由球头与减振器支柱下部连接，转向节下端由球头与 A 型臂连接，主销轴线是转向节的上、下球头中心连线。减振器与弹簧上端通过安装座支承在车身上，由于主销轴线不再通过减振器支承座中心点，所以转向时减振器不需转动，其安装座也就不必安装轴承。和典型的麦弗逊式悬架相比，Hiper-Strut 主销倾角小，主销偏移距小，从而抑制被动转向倾向，提升了车辆对轮胎的变化和车轮的不平衡的响应，提高了线性转向能力，该结构也能很好地隔离颠簸和粗糙的路面影响，使车辆的乘坐舒适性、操纵稳定性及转向线性更加优良。

Hiper-Strut 独立悬架结构紧凑，稳定性和横向刚性高，抑制点头和转矩转向良好，在不改变车体结构的情况下，减少对减振器的负担。应用的车型主要有别克君威 GS、君越、凯迪拉克 XTS 等。

3）双 A 型臂（叉臂）式独立悬架。

① 基本型。从机构布置上来讲，双 A 臂式独立悬架是在麦弗逊式独立悬架基础上发展而来。如图 3-24 所示，双 A 型臂式独立悬架的转向节上部不再像麦弗逊式独立悬架由减振器座支撑在车身上，而是通过上 A 型臂与车身相连，转向节的下部也是 A 型与车身相连，每个 A 型臂用两个销轴与车身连接。筒式液压减振器充当支柱支撑整个车身。转向主销轴线是转向节上、下球形连接的中心连线，这样就将转向控制与车身的支撑分开。双 A 型臂刚性大，有效增强了悬架整体的可靠性和稳定性，车轮外倾角控制得到了提高，有效地降低

车辆翻滚和摆动，转向操控性、舒适性好。其缺点是结构复杂，成本高，占用空间大，所以该悬架广泛应用在中大型高级轿车的前悬架上，代表车型如宝马5系。

② 改进型。将双 A 型臂上的一个或两个 A 型臂用虚拟 A 型臂代替，即组成了"A 型臂-虚拟 A 型臂式"和"双虚拟 A 型臂式（多连杆式独立悬架）"两种类型。如图 3-25 所示，为奥迪轿车前悬架双虚拟 A 型臂式结构。双虚拟 A 型臂结构，因为有多个连杆组成，所以也称为多杆前悬架。

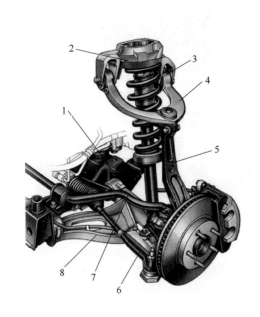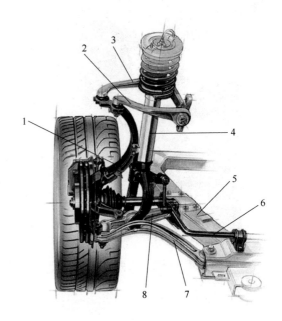

图 3-24　基本型双 A 型臂（叉臂）式独立悬架
1—车架　2—减振器支柱座　3—减振器支柱
4—上 A 型臂　5—转向节　6—转向拉杆
7—稳定杆　8—下 A 型臂

图 3-25　双虚拟 A 型臂式独立悬架
1—转向节　2—上后控制臂　3—上前控制臂
4—减振器支柱　5—车架　6—稳定杆
7—下后控制臂　8—下前控制臂

（2）后轮独立悬架　前悬架的类型也可应用于后悬架上，一般后悬架的减振器和弹簧可一体安装也可分开安装，因为后悬架没有转向机构，因此后悬架可以简化。常见类型有以下几种：

1）连杆支柱式独立悬架。连杆支柱是麦弗逊悬架用在后轮的一种方式，它将麦弗逊悬架的下 A 字摆臂换成了两根横向控制臂和一根纵向或斜向拖臂，如图 3-26、图 3-27 所示。它具有与麦弗逊悬架相近的操控性能，又有比麦弗逊悬架更高的连接刚度和相对较好的抗侧倾性能。但是同样也存在麦弗逊悬架的缺点，就是稳定性不好，转向侧倾还是较大，需要加装平衡杆来减小转向侧倾。连杆支柱式独立悬架在一些日韩系车型的后悬架上面有较多的应用，主要是用来提高车辆的舒适性。

2）半拖臂式独立悬架。后悬架中采用 A 型控制臂，控制臂宽的底部朝向汽车的前部成一定角度，而其尖端向内弯曲固定在轮毂上，该种形式的 A 型臂称为半拖臂，如图 3-28 所示。

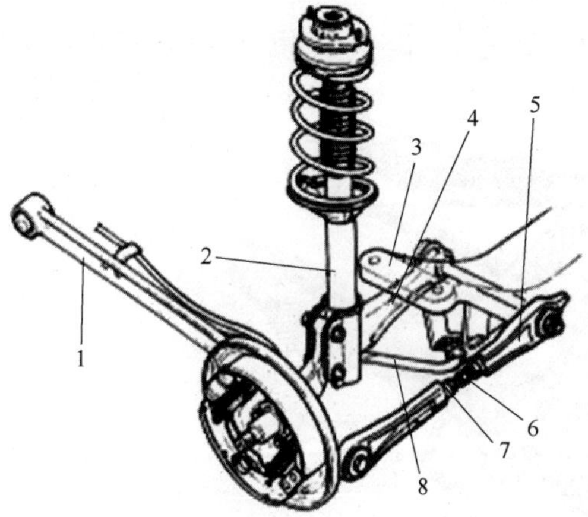

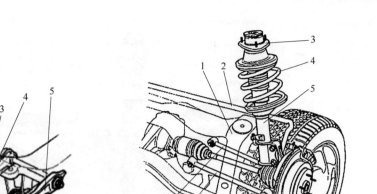

图 3-26 横臂纵臂支柱独立悬架
1—纵臂 2—减振器支柱 3—车架
4—前横臂 5—后横臂 6—前束
调整螺栓 7—锁紧螺母 8—稳定杆

图 3-27 横臂斜臂支柱独立悬架
1—车架 2—稳定杆 3—减振器座
4—弹簧 5—减振器支柱 6—拖臂
7—前横臂 8—后横臂

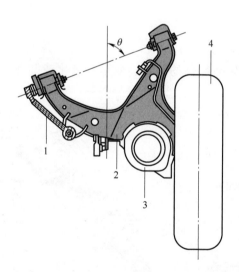

图 3-28 半拖臂式独立悬架
1—控制前束杆 2—半拖臂 3—弹簧 4—车轮

半拖臂绕与汽车纵轴线成一定夹角 θ 的轴线摆动。适当选择夹角 θ，可以调整轮距、车轮倾角、前束等。为了控制前束的变化，在单斜臂上安装了一根辅助拉杆，称为控制前束杆，这种悬架多应用于福特车上。

3）多杆式独立悬架。多杆式独立悬架（图 3-29）是指轮毂与车架间由 4～5 根连杆连接，根据杆的位置和作用可以有不同的名称。多连杆悬架能保证车轮最佳的定位，车轮上下运动时横向位移小，转弯或制动时，后轮可形成正前束，提高车辆的控制能力。

图 3-29　多杆式独立悬架

1—侧臂　2—纵臂　3—上控制臂　4—减振器　5—车轮外倾角调整螺栓
6—辅助边框　7—稳定杆　8—前束调整　9—下控制臂

【技能训练】

一、悬架系统常见故障诊断与排除

悬架系统故障大多发生在部件的磨损、变形、老化或漏油，常见故障部位如图 3-30 所示。

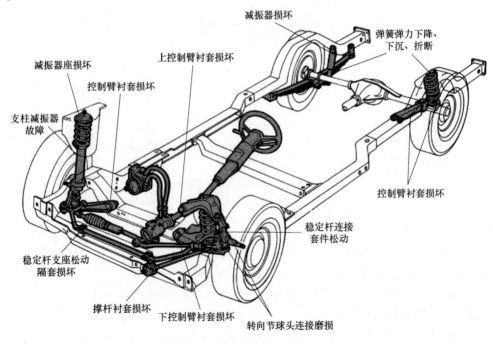

图 3-30　悬架系统常见故障部位

悬架系统的故障现象、原因以及排除方法见表3-1。

表 3-1　悬架系统故障现象、原因以及排除方法

故障现象	故障原因	排除方法
悬架异响	下摆臂的前后橡胶衬套磨损、老化或损坏	更换衬套
	螺旋弹簧失效或弯折	更换螺旋弹簧
	减振器活塞杆与缸筒磨损严重	更换减振器
	减振器、转向节、下摆臂的连接螺栓松动	紧固松动的螺栓
前轮摆动或跑偏	前轮毂轴承磨损	更换轴承
	车轮轮毂产生偏摆	更换轮毂
	轮辋的钢圈螺栓松动	按规定力矩紧固钢圈螺栓
	车轮不平衡	进行车轮动平衡测试和调整
	前轮定位角不正确	校正前轮的前束和外倾角
	下摆臂或转向横拉杆的球头销磨损或松动	更换球头销
	左右前减振器损坏或变形	更换前减振器
	转向节、减振器及下摆臂的紧固螺栓松动	按规定力矩紧固螺栓
	两前轮的气压不一致	充气到正常气压
万向节传动轴有噪声	传动轴变形	校正或更换传动轴
	万向节磨损严重	更换万向节
车身侧倾过大	减振器损坏	检查并更换减振器
	横向稳定杆弹力减弱或连接杆损坏	更换稳定杆或连接杆
	横向控制杆或下悬架控制臂磨损严重	更换横向控制杆或下悬架控制臂
转向沉重或转向盘回位不良	车轮定位不当或轮胎气压异常	进行四轮定位或轮胎充气到正常气压
	悬架控制臂球节润滑不良、咬死或损坏	润滑或更换悬架控制臂球节

二、前悬架一般检查

为了将不必要的维修减至最少，应进行下列初步的一般检查。

1）检查轮胎的充气压力是否适当。

2）检查轮胎故障指示器，检查前轮定位是否正确、车轮和轮胎是否平衡以及是否有机械损伤或损坏。

3）检查车辆悬架是否在最佳状态，如重载或牵引挂车工作是否正常，车辆是否有较好的平顺性。

4）检查车辆是否有过载或下沉迹象，底盘高度是否在规定范围内。

5）将车辆升离地板，抓住轮胎上下表面并晃动每个前轮，检查车轮轴承是否有磨损，如图3-31所示。

6）检查各控制臂、撑杆等部件是否变形。

7）检查前悬架球节和座是否有松动、磨损和损坏。

8）检查转向器、转向杆系和转向连接是否有松动、弯

图 3-31　检查车轮轴承状况

曲或损坏。

9）检查减振器或缓冲撑杆的零件连接情况。

10）检查缓冲装置和撑杆是否起作用或是否有泄漏。

在进行检查过程中，如果发现有损坏或磨损的零件，要予以更换。

三、车身高度检查

汽车放在水平地面上，轮胎胎压必须在推荐压力范围内，客舱和行李舱不应有载荷。先在后保险杠上下颠簸数次，然后在前保险杠重复颠簸同样次数。从前到后，从一侧到另一侧，快速目测检查是否有不同的下沉。在车下，在控制臂两端高度处，检查是否脱离水平位置、橡胶缓冲器是否损坏或磨损，弹簧各圈是否发亮或磨损，这些都表明螺旋弹簧变弱。

另外，还可通过测量轮轴中心到轮眉边缘的距离，将前、后两侧车轮检测到的数值进行对比大致判断悬架弹簧的状态，如图 3-32 所示。

图 3-32　测量轮轴中心到轮眉边缘距离

四、螺旋弹簧的检查与拆装

检查悬架弹簧是否有变形、裂纹和锈蚀等现象，测量弹簧的自由长度。如果弹簧的实际长度比标准长度缩短 5% 以上，应该更换悬架弹簧。

悬架弹簧拆装：前悬架减振器和弹簧为一总成组件装于车上，拆卸时应先将该总成从车上拆下，然后再从该总成上拆下弹簧。以高尔夫轿车为例说明前减振器总成拆装过程。

（1）前减振器总成拆卸

1）松开轮毂上的万向传动轴螺栓，松开车轮螺栓拆下车轮。

2）拧下减振器连接杆螺母，将连接杆从减振器上拔下。

3）拧下控制臂与主销转向节的连接螺母，将转向节从控制臂上拔出，如图 3-33 所示。

4）将万向传动轴的外侧万向节从轴毂上拔出，用绑扎钢丝将万向传动轴吊在车身上。

5）重新将转向节主销和控制臂安装在一起。

6）将专用工具用车轮螺栓安装到轮毂上，并用发动机和变速器举升装置支撑顶起轮毂，使轮毂至轮眉上边缘距离为 a（a 为车辆空载时，轮毂中心到轮眉上边缘距离），如图 3-34 所示。

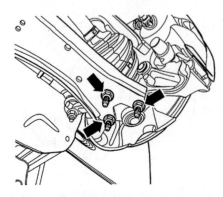

图 3-33　拆卸转向节下控制臂

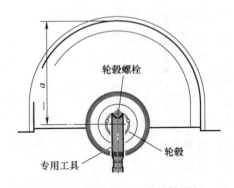

轮毂螺栓

a

专用工具

轮毂

图 3-34　用专用工具将轮轴顶起

7）拆下车轮轴承壳体和减振器的连接螺栓，如图 3-35 所示；将扩张器插入到车轮轴承壳体的开口内，并用棘轮扳手将扩张器转动 90°，如图 3-36 所示。

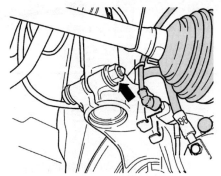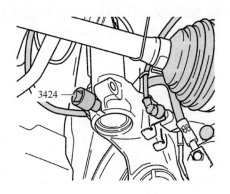

图 3-35　拆下车轮轴承壳体和减振器的连接螺栓　　　图 3-36　用扩张器张开车轮轴承体开口

8）用手将带制动盘的车轮轴承壳体向纵梁方向推，使其相对减振器不得歪斜。

9）慢慢降低发动机和变速器举升装置，直至与减振器分离。

10）用绑扎钢丝将车轮轴承壳体固定到副车架上。

11）移开发动机和变速器举升装置。

12）拆卸排水槽盖板，拧下减振器上部的固定螺栓，取下减振器，如图 3-37 所示。

（2）安装

1）弹簧座上的两个标记（箭头）中的一个必须指向行驶方向，如图 3-38 所示。

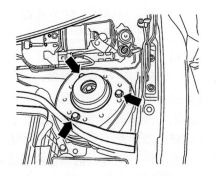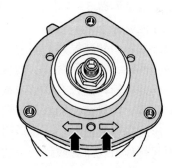

图 3-37　拧下减振器上部的固定螺栓　　　图 3-38　将弹簧座一标记指向行驶方向

2）将减振器安装到支座上，拧紧减振器的固定螺栓。

3）拆除车轮轴承壳体的绑扎钢丝。

4）用发动机和变速器举升装置和定位专用工具慢慢举起车轮轴承壳体。

5）将车轮轴承壳体装到减振器上限位位置，转动并取出扩张器。

6）拧紧车轮轴承壳体和减振器的连接螺栓（内梅花螺栓的螺母必须指向行驶方向）。

7）拧下控制臂与车轮轴承壳体螺母，将万向传动轴插入轮毂内。

8）将带转向节主销的车轮轴承壳体安装到控制臂中。

9）将转向节主销与控制臂拧在一起。

10）安装好其他拆卸部件。

（3）前减振器上螺旋弹簧拆卸

1）用弹簧压紧装置将螺旋弹簧压紧，直至带推力球轴承的上部弹簧没有负载，如图3-39所示。

2）拧出减振器活塞杆的六角螺母。

3）取下弹簧座及带弹簧压紧装置的螺旋弹簧。

（4）弹簧安装

1）用弹簧压紧装置压紧螺旋弹簧并装在下部弹簧底座上。

2）安装上部弹簧座，以规定的力矩拧紧新的六角螺母。

3）松开弹簧压紧装置，并从螺旋弹簧上取下。

五、减振器检查

减振器磨损或损坏产生的振动能造成底盘系统的早期磨损，其故障的一些征兆如下：

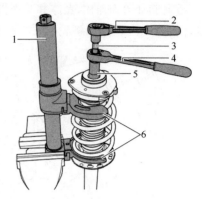

图3-39　拆卸减振器弹簧
1—弹簧系紧装置　2—转矩扳手
3—专用工具接头　4—棘轮扳手
5—专用工具接头　6—弹簧支架

1）转向和操纵较困难。

2）制动不平滑。

3）停车后跳振过大。

4）轮胎异常磨损，特别是沟凹形异常磨损。

5）弹簧接触底部。

通过按压车辆，检测车身回跳状态可判断减振器性能。在需要检查的减振器一侧按压车辆，使车体上下连续回跳3～4次。每次按压时所用的力相等，同时还应注意在松手之后车体回跳多少次才能够停下来。用同样的方法检查另一侧的减振器。比较左、右两减振器的阻力和回跳次数，左右两侧减振器的阻力和回跳次数必须相等。如果减振器功能正常，则一松手车体就应停止回跳，或者回跳一、两次后便会停下来，否则应更换新减振器。

目视减振器外部筒体是否有变形或锈蚀，若有应整形除锈。上下端衬套是否有磨损、老化或损坏，如有应更换衬套。检查是否存在漏油现象。用手握住减振器的两端，快速拉动或压缩减振器，压缩阻力应明显小于拉动阻力，否则表明减振器性能不良。如在移动方向接近轴的变化的中间行程出现滞后或跳跃，或者轴卡在移动中的任一位置，则应更换减振器。前后减振器必须成对更换。

六、导向机构检查

悬架导向机构的磨损、松动或损坏等会造成以下故障现象：

1）车辆行驶时发出"吱吱"声或者爆裂声。

2）转向盘有摆振现象。

3）车辆行驶不稳定，有偏摆的感觉。

4）转向盘间隙过大。

（1）导向装置的检查

1）检视各控制臂连杆等是否有变形。

2）检视各连杆衬套是否有变形、移动、离开中心和严重破裂迹象；检查金属衬套是否有噪声和密封不严。

3）用手抓住控制臂、连杆等机构，沿垂直或水平方向推拉，检查是否有间隙，如图3-40、图3-41所示。

 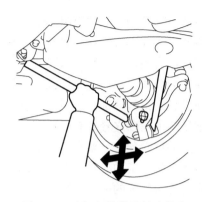

图 3-40　控制臂装配间隙检查　　　　　　图 3-41　连杆机构装配间隙检查

（2）球节磨损检查　球节的寿命是由车辆的行驶环境、汽车质量和球节的润滑维护来决定的。但在同样维护条件下，承载球节由于负荷比非承载球节大，所以其磨损程度要比非承载球节严重一些。在车上检查球节磨损程度时，要用举升装置支撑悬架机械或车架来使承载球节卸载。

1）球节径向磨损程度的检查。将千分表座连接到转向节上，千分表的测量触头沿球节的径向顶靠在被检查球节连接的控制臂上，如图3-42所示。左右拉动转向节，记录千分表的摆动数值。

2）球节轴向磨损程度的检查。将千分表座连接到要检查的球节的控制臂上，千分表的测量触头沿球节的轴向顶靠在转向节上或球节的锁紧螺母上，如图3-43所示。在地板和轮胎间用撬棒撬动，记录千分表摆动数值。

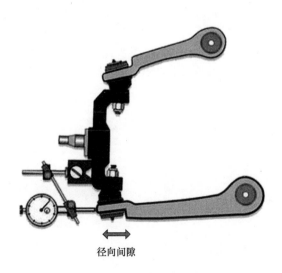 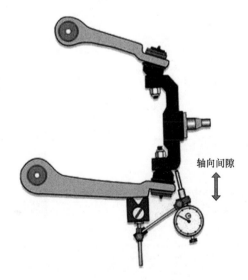

径向间隙　　　　　　　　　　　　　轴向间隙

图 3-42　球头连接径向间隙测量　　　　　图 3-43　球头连接轴向间隙测量
　　　　的千分百安装方式　　　　　　　　　　　的千分百安装方式

如果径向间隙和轴间隙超过规定值，则应更换球节。

【课后测评】

1. 悬架有何功用，悬架有哪些类型？各有何特点？
2. 悬架由哪几部分组成？各有何作用？
3. 减振器有何功用？简述双筒式液压减振器的结构及原理。
4. 简述双筒式、单筒式充气液压减振器的基本结构。
5. 独立悬架由哪些部分组成？其导向装置各部件有何作用？
6. 常见的前轮独立悬架有哪些类型？各有何特点？
7. 常见的后轮独立悬架有哪些类型？各有何特点？
8. 简述悬架系统的故障现象、原因及排除方法。
9. 简述悬架检查的一般步骤。
10. 简述高尔夫轿车前减振器总成的拆装方法。

项目四

电子控制悬架的检修

【项目目标】

1. 掌握电子控制悬架的功用。
2. 掌握电子控制空气悬架的组成与原理。
3. 能够对电控空气悬架进行诊断检查。

【知识准备】

一、概述

传统的悬架系统一般具有固定的弹簧刚度和减振器阻尼力（图4-1a），被称为被动悬架，它不能同时满足汽车行驶平顺性和操纵稳定性的要求。若弹簧刚度低，汽车行驶平顺性好，乘坐舒适，而汽车操纵性变差；反之，弹簧刚度大，操纵稳定性好，而汽车行驶平顺性降低。被动悬架无法根据道路条件、车身运动和轮胎附着力的变化而进行调整，只能提供软、硬或折中的行驶条件。

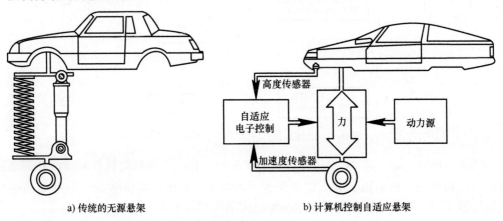

a) 传统的无源悬架   b) 计算机控制自适应悬架

图4-1　悬架系统

电子控制悬架（图4-1b）除具有传统悬架的缓冲、吸振作用外，还能根据汽车载荷、行驶速度、转向角度及路面状况等行驶条作的变化，自动调节弹簧刚度、减振器的阻尼及车身高度和姿态，从而满足汽车平顺性、舒适性和操作纵稳定性的更高要求。

1. 功用

（1）减振器阻尼力调节　根据汽车的负载、行驶路面条件、汽车行驶状态等来控制悬架减振器的阻尼力，防止汽车急速起步或急加速时的车尾下蹲、紧急制动时的车头下沉，以及急转弯时车身横向摇动和换档时车身纵向摇动等，提高行驶的平顺性和操纵稳定性。

（2）弹性元件刚度调节　在各种工况下，通过对悬架弹性元件刚度的调节，改变车身的振动强度和对路况及车速的感应程度，来改善汽车的乘坐舒适性与操纵稳定性。

（3）车身高度调节　可以使得车辆根据负载变化自动调节悬架高度以保持车身的正常高度和姿态。当汽车在坏路面上行驶时可以使车身升高，增强其通过性；当汽车在高速行驶时，又可以使车身降低，减少空气阻力并提高行驶的稳定性。

2. 类型

电子控制悬架主要有半主动悬架和主动悬架两种。半主动悬架是指悬架元件中的弹簧刚度和减振器阻尼力之一可以根据需要进行调节；而主动悬架能根据需要自动调节弹簧刚度和减振器的阻尼力，从而能够同时满足汽车行驶平顺性和操纵稳定性等各方面的要求。主动悬架按照弹簧的类型，可以分为空气弹簧主动悬架和油气弹簧主动悬架。

二、电子控制悬架的组成及工作原理

电子控制悬架采用最多的是空气弹簧式主动悬架，它由压缩机产生压缩空气，由电子控制单元（ECU）控制送入空气弹簧空气压力及减振器油流动阻力，实现车身高度、弹簧刚度及减振器阻尼的调节，其组成如图4-2所示。

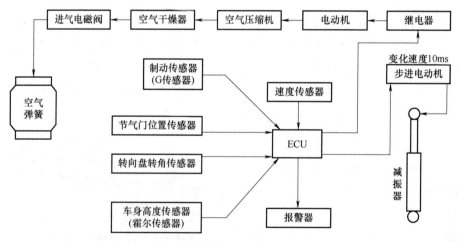

图4-2　空气弹簧式主动悬架的组成示意图

如图4-3所示，为奥迪A6自适应空气悬架系统，它由空气悬架调节和减振器调节两大部分组成，包括空气压缩机、电子控制单元（ECU）、车身高度传感器、车身加速度传感器、储气罐、空气弹簧减振器及控制用的电磁阀组等部件组成。

总之，电控空气悬架是以电控单元为控制核心，根据车身高度、转向盘转角、车速和制动等信号，经过运算分析后，输出控制信号，控制各种电磁阀和步进电动机，对汽车悬架参

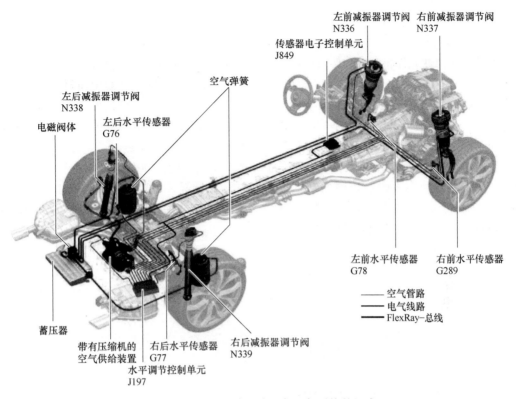

图 4-3　奥迪 A6L 自适应空气悬架系统的组成

数，如弹簧刚度、减振器阻尼系数、倾斜刚度和车身高度进行控制，从而提高汽车乘坐舒适性和操纵稳定性，如图 4-4 所示。

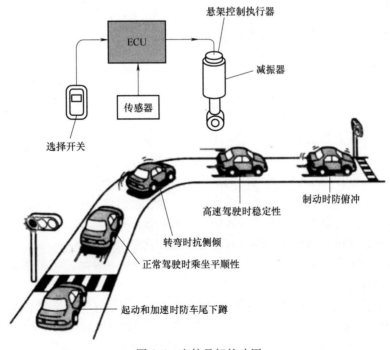

图 4-4　电控悬架的功用

三、空气弹簧及减振器

1. 空气弹簧

弹簧作为弹性元件将车轮悬架及车身连接在一起，构成了一个振动系统。车身及其附件质量作用于弹簧上面称为悬架质量，车轮及其附件作用于弹簧下端称为非悬架质量。弹簧的特性由弹簧刚度来描述，弹簧刚度是载荷增量与变形增量之比，即产生单位变形所需的载荷。相同载荷下，变形量大的弹簧，刚度小，称为软弹簧；变形量小的弹簧，刚度大，称为硬弹簧。

（1）空气弹簧的匹配　车身的固有频率主要由悬架质量和弹簧刚度决定。如图 4-5 所示，悬架质量较大或弹簧较软的话，车身固有频率就低一些，同时弹簧的行程（振幅）也较大，悬架质量较小或弹簧较硬的话，车身固有频率就高一些，同时弹簧的行程（振幅）也较小。为减小非悬架质量对车身的固有频率影响，现代轿车广泛采用铝制辐条式车轮和铝制车轮附属件以及重量经过优化的轮胎。

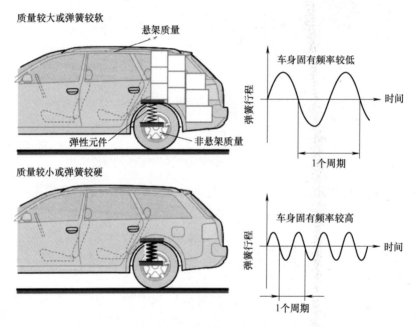

图 4-5　悬架质量和弹簧刚度与车身固有频率的关系

悬架的空气弹簧就是具有固定结构形状的空气气囊，它取代车桥和车身之间的钢质弹簧。在静止状态下：自水平调节机构通过调节空气弹簧的压力，将车身（悬架质量）始终保持在同一水平高度，由于空气弹簧内的空气压力是按载荷来调整的，空气压力与弹簧刚度变化一致，因此弹簧的刚度与悬架质量就会成比例变化。因此，车身固有频率与静态载荷无关。空气弹簧刚度的动态变化率由弹簧体积、活塞有效面积等参数决定。因此，通过改变弹簧体积、活塞有效面积等参数，而改变其动态刚度变化率来匹配弹簧。

当车身的固有频率在 1~1.5Hz 范围内，乘员感觉舒适。为此，应根据车桥的负荷匹配相应刚度范围的空气弹簧。

（2）空气弹簧结构（图 4-6）　在轿车上，使用带有管状气囊的空气弹簧来作为弹性元件。这种空气弹簧的特点是占用空间小、弹簧行程大。空气弹簧主要由上端盖、管状气囊、活塞（下端盖）和张紧环组成。管状气囊的内、外保护层采用优质弹性材料制成，这种材料可满足各种气候要求且耐机油。空气弹簧与减振器可以分开也可同轴布置。

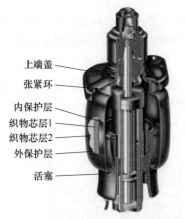
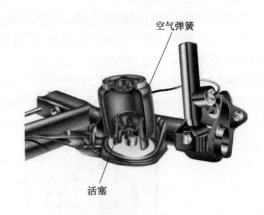

上端盖
张紧环
内保护层
织物芯层1
织物芯层2
外保护层
活塞

空气弹簧
活塞

a) 减振器与空气弹簧同轴布置　　　　　　b) 减振器与空气弹簧分开布置

图 4-6　奥迪轿车空气弹簧结构

2. 减振器

减振器的阻尼基本分为两种情况，即压缩和回弹。一般来说，压缩时的阻尼力要小于回弹时的阻尼力。

（1）PDC（气动减振控制）阀的双筒式充气减振器　PDC-减振器能在部分负荷和全负荷之间使得衰减度保持恒定，从而使汽车在部分负荷时，可以达到良好的驾驶舒适性，而在全负荷时又可保证车身运动获得足够的减振刚度。该减振器可根据空气弹簧压力来改变阻尼力。

PDC-减振器/空气弹簧的结构如图 4-7 所示。阻尼力的变化是通过一个单独的 PDC 阀来实现的，该阀集成在减振器内，它通过一根软管与空气弹簧相连，为了平衡空气弹簧中不希望出现的动态压力变化，PDC 阀的空气接口上装有一个节流阀。工作腔 1 通过一个孔与 PDC 阀相连，PDC 阀会影响活塞杆一侧工作腔（工作腔 1）的液压油流动阻力。新型奥迪的 PDC 阀已改为电子控制式，省去气囊与减振器调节阀之间的气管，其性能更加优良。

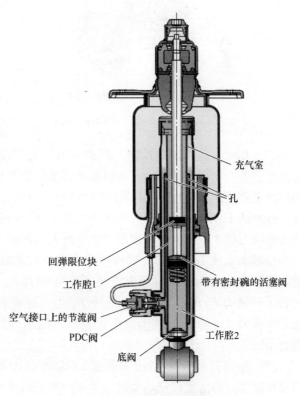

充气室
孔

回弹限位块
工作腔1
带有密封碗的活塞阀
空气接口上的节流阀
PDC阀
工作腔2
底阀

图 4-7　PDC-减振器/空气弹簧的结构

　　减振器的阻尼力由相应的阻尼阀（压缩/回弹）和 PDC 阀形成的流动阻力决定。PDC 阀流动阻力的调整过程如下：

　　如图 4-8 所示，当汽车载重小时，空气弹簧中的气压力低，PDC 阀在回位弹簧力的作用下，克服空气弹簧通过空气管作用在 PDC 阀的背压力，PDC 阀开启，减振器工作腔 1 中液体通过上部小孔及开启的 PDC 阀进入充气室，使阻尼力减小；当汽车载重增加时，为了保持车辆高度，空气供给系统向空气弹簧充气，弹簧的压力增高，高压的空气通过空气管作用在 PDC 阀上，PDC 阀关闭，减振器工作腔 1 中液体不能通过关闭的 PDC 阀进入充气室，使阻尼力最大；空气弹簧压力的变化可改变 PDC 阀开启阻力的大小，从而改变阻尼力的大小。

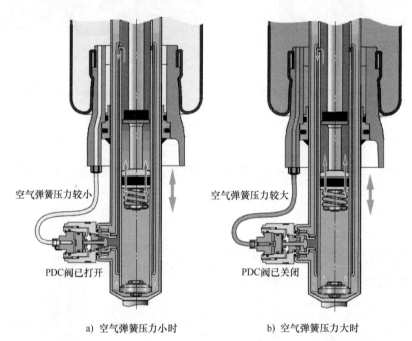

a) 空气弹簧压力小时　　　　　b) 空气弹簧压力大时

图 4-8　PDC-减振器的工作原理

　　（2）CDC（连续减振控制）阀的双筒式充气减振器　减振器调节阀位于减振器内部，可连续调节，如图 4-9 所示。在减振器活塞总成上有位于阻尼调节孔上的主减振阀 3，并作用有预紧弹簧 4，阀上面有电磁线圈 5，通过导线与外电路连接。

　　减振器工作时的阻尼力的大小主要由 CDC 阀的液体流动阻力来决定的，流过该阀的液压油的阻力越大，减振器的阻尼力也就越大，其工作原理如下：

　　当活塞总成 1 在缸套 2 内以速度 V 向下运动时，主减振阀 3 下面油腔内的机油压力就会升高，电磁线圈 5 这时通上电流产生电磁力 F_M，当电磁力与机油压力的和（$F_M + F_P$）超过了弹簧力 F_F 时，就会产生一个 F_R 力，这个力会打开主减振阀 3。电磁力的大小可以根据电流的大小来进行调节，电流越大，液压油的流过阻力越小，则减振器的阻尼力也就越小。

　　（3）磁流变减振器（MR 减振器）　如图 4-10 所示，其基本组成有磁流变液、活塞、线圈和外缸等。当活塞往复运动时，活塞两侧的磁流变液通过活塞上的节流孔产生阻尼作用。磁流变液的特点是具有磁化特性，其黏度随磁场增强而增大。

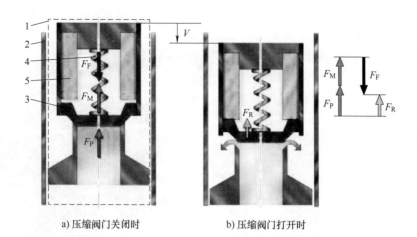

a) 压缩阀门关闭时　　　　b) 压缩阀门打开时

图 4-9　CDC 阀的双筒式充气减振器阻尼调节

1—活塞总成　2—缸套　3—主减振阀　4—预紧弹簧　5—电磁线圈

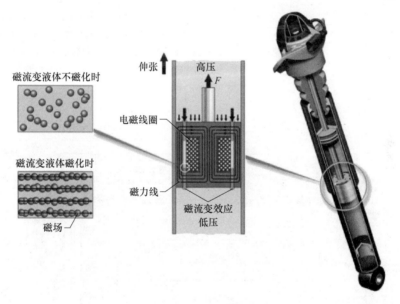

图 4-10　磁流变减振器

当线圈没有通电流时，线圈不产生磁场，磁流变液没有被磁化而保持最低的黏度，磁流变液流经节流孔的阻尼小，减振器产生最小的阻尼力；当线圈通入电流时，在线圈的磁场作用下磁流变液产生磁化作用，其黏度增大，从而使液体流经节流孔的阻尼增加，减振器产生大的阻尼力；通过调整线圈电流的大小，即可调节减振器阻尼力的大小。

四、空气供给控制

1. 空气供给总成

空气供给总成用于向空气弹簧中提供清洁干燥的高压空气，如图 4-11 所示，主要由空气压缩机（集成有空气干燥器和排气阀）、控制单元、压缩机继电器等组成。空气供给总成安装在发动机舱内左前部，避免在乘员舱内产生噪声，有利于冷却。

压缩机压缩空气是由一个单级往复活塞式压缩机（集成有空气干燥器）产生的。为了避免机油污染膜片式折叠气囊和干燥器管壳，压缩机采用的是无润滑式（就是干式）压缩机。

如图 4-12 所示，其工作过程如下。

1）供气过程：空气压缩机供电运转，当活塞下行时，通过进气口和进气滤清器进入曲轴箱的空气，经过活塞上的溢流孔推开隔膜阀进入气缸；当活塞上行时，气缸内的气体压力升高推开单向阀 1 进入空气干燥器进行干燥，然后经过单向阀 2 由压力管接头的连接管送入电磁阀，同时需进气的空气弹簧控制电磁阀必须开启，完成供气过程。

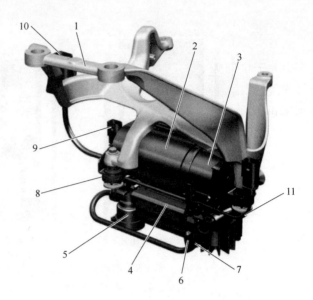

图 4-11　空气供给总成

1—支架　2—电动机　3—压缩机　4—空气干燥器
5—气动排气阀　6—温度传感器　7—进气和排气管
8—接电磁阀体的压缩机空气接口　9—排气电磁阀插头
10—蓄电池 12V 插头　11—温度传感器插头

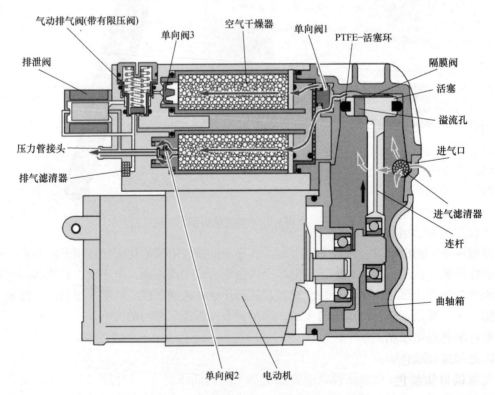

图 4-12　空气供给装置的工作原理（吸气/压缩）

压缩机缸盖上有温度传感器，用于控制压缩机的工作时长，防止压缩机过热。

2）排气过程：如图4-13所示，电控单元控制空气弹簧阀和排气阀打开，当空气弹簧内的压力大于0.35MPa时，气动排气阀体就会逆着阀的弹簧力而升起并打开阀座1和2，于是空气弹簧压力就经过节流阀和单向阀3到达空气干燥器；空气流过空气干燥器后再经限压阀的阀座和排气滤清器进入周围空气中。

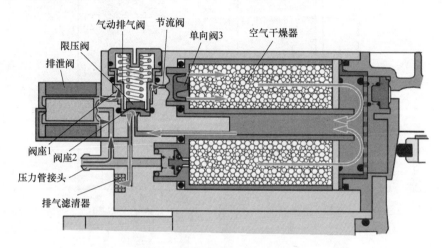

图4-13　空气供给装置的工作原理（排气/下降）

排气过程中，气囊内的干燥空气经过节流阀时会大幅减压，这样经过空气干燥器时吸取其内的水分后，排放到大气中，完成干燥器的还原过程，大大地增加了干燥器的使用寿命。

气动排气阀的作用：压力限制以及保持残余压力。若在排气过程中，空气弹簧内气压低于0.35MPa时，限压阀会自动关闭，避免气囊内无气压，造成气囊不正常变形而损坏。若压缩机压力高于1.35MPa时，限压阀会自动打开，防止压缩机过载损坏。

2. 电磁阀体

四级空气悬架总共有6个电磁阀。排气阀与气动排气阀一起构成一个功能单元，该单元集成在干燥器壳体内。排气阀是一个二位三通阀，在不通电时它是关闭的。

四个空气弹簧电磁阀和蓄压器电磁阀组成一个阀单元，如图4-14所示。它们都是二位二通阀，在不通电时是关闭的。空气弹簧一侧/蓄压器一侧的压力是沿关闭方向作用的。

为了避免在连接压力管路时出现混淆的情况，压力管路上都标有颜色。阀体的接口上有颜色点用于指示匹配状况。奥迪轿车电磁阀接口颜色表示如下：压缩机和左后气囊接口为黑色，左前气囊为红色，右前气囊为绿色，右后气囊为蓝色，蓄压器为黄色。

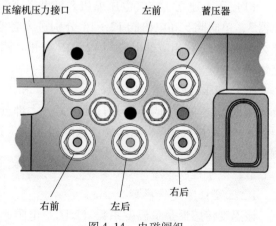

图4-14　电磁阀组

3. 气动原理图

以奥迪 A6 轿车空气弹簧为例，其气动原理如图 4-15 所示。具体的工作原理介绍如下。

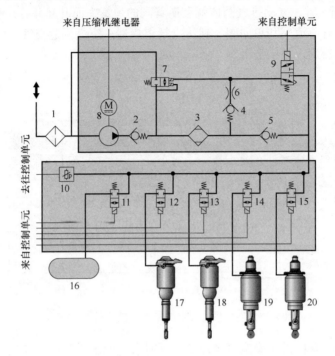

图 4-15   气动原理图

1—辅助噪声消除器　2、4、5—单向阀　3—空气干燥器　6—排气节流阀
7—气动排气阀　8—压缩机　9—电动排气阀　10—压力传感器　11—蓄压器电磁阀
12—左前空气弹簧电磁阀　13—右前空气弹簧电磁阀　14—左后空气弹簧电磁阀
15—右后空气弹簧电磁阀　16—蓄压器　17—左前空气弹簧
18—右前空气弹簧　19—左后空气弹簧　20—右后空气弹簧

（1）压力建立　空气电压缩机 8 辅助噪声消除器 1 吸入。压缩空气经单向阀 2，空气干燥器 3，单向阀 5 和电磁阀 12～15 分别进入各空气弹簧。如果空气弹簧由蓄能器 16 充气，那么电磁阀 11 和相应的电磁阀 12～15 打开。蓄能器 16 由压缩机 8 经打开的电磁阀 11 进行充气。

（2）卸压过程　相应的电磁阀 12～15 和排气阀 9 打开，气流流经排气阀 9 后，一小部分气体进入气动排气阀 7 使其打开。另一大部分气体经过排气节流阀 6、单向阀 4、空气干燥器 3、气动排气阀 7、辅助噪声消除器 1 排出系统。当气流流经空气干燥器 3 时，干燥剂就被还原了。

五、电子控制系统

1. 压缩机温度传感器

该温度传感器是负温度系数（NTC）电阻，它在玻璃壳体内，装在压缩机缸盖上，用于检测压缩机气缸盖的工作温度。控制单元根据该传感器的温度控制压缩机的工作时间，当压缩机温度高于规定值时，停止压缩机的工作。

2. 压力传感器

该传感器是浇铸在电磁阀体内的，用于检测前、后桥空气弹簧或蓄压器的压力。压力传感器采用的是电容测量原理，如图4-16所示，当被检测压力（P）作用于陶瓷膜片时，陶瓷膜片变形移动，使得膜片上的电极1和固定在传感器壳体上的对应电极2之间距离发生变化，从而改变了该电容器的电容，两电极之间的距离越小，这个电容器的电容就越大。传感器内部集成的电子装置会测量出这个电容值并将它转换成一个线性输出信号。

3. 加速度传感器

加速度传感器用于检测车身（悬架质量）的运动情况，奥迪轿车有三个此类加速度传感器，其中的两个分别安装于两前桥减振支柱座上，第三个传感器位于右后车轮罩内。车桥部件（非悬架质量）的加速度是通过分析车辆水平传感器信号而确定的。

如图4-17所示，传感器和支架通过卷曲折边的方式连在一起，支架用螺栓固定在车身上。传感器元件由数层硅和玻璃组成，硅层位于中间充当弹性舌片（振动片）。带有金属涂层的振动块作为可动电极来工作，它与上、下对应电极构成电容器，电容值的大小取决于电极面积和电极间距离，如图4-18所示。

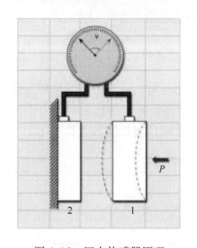

图4-16　压力传感器原理

1—陶瓷膜片电极　2—传感器壳体上电极　P—被检测压力

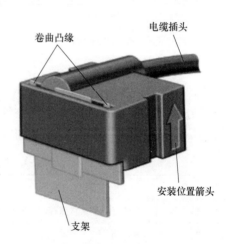

图4-17　加速度传感器

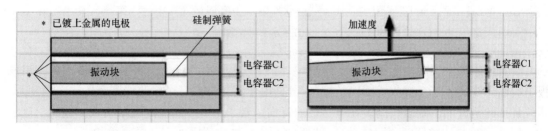

图4-18　加速度传感器原理

静止状态：振动块处于电极的正中间，分成的两个电容器C1和C2的电容值大小相等。

加速状态：振动块由于惯性会偏离中央位置，因而电极间的距离就会发生变化，从而引起两个电容值变化，距离减小的电容值增大，距离增大的电容值减小。电子控制单元根据电容的变化就可判断加速度的大小和方向。

4. 车身水平传感器

车身水平传感器是转角传感器，借助一个连杆机构将车身水平变化转换成角度变化，如图4-19所示。

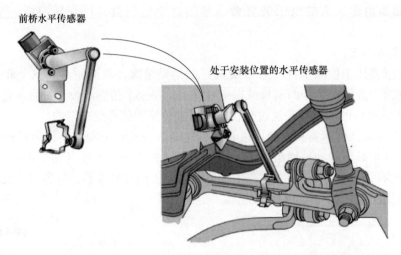

图 4-19　车身水平传感器的布置

该传感器可产生两个不同的且与转角成比例的输出信号，一个输出信号用于前照灯照程调节，另一个输出 PWM 信号，用于空气悬架的调节。各传感器结构相同，由于左、右传感器臂的偏转方向相反，所以输出信号也是相反的。水平传感器针脚布置见表4-1。

表 4-1　车身水平传感器接角布置

针　脚	功　　用
1	接地（左侧来自照程调节控制单元，右侧来自水平调节控制单元）
2	未使用
3	未使用
4	模拟信号输出，电压信号（只用于左侧前照灯照程调节）
5	5V 供电（左侧来自前照灯照程调节控制单元，右侧来自水平调节控制单元）
6	数字信号输出 PWM 信号（右和左用于水平调节控制单元）

转角传感器主要是由定子和转子组成，如图4-20所示。定子由多层电路板构成，电路板上有励磁线圈、三个接收线圈以及控制/分析电子装置。这三个接收线圈布置成多角星形，相位是彼此错开的。励磁线圈装在电路板的背面。转子由一个封闭的线匝构成，线匝上连着传感器臂（匝与传感器臂一同转动）。线匝的形状与接收线圈的形状是一样的。

5. 典型空气悬架电控装置

以奥迪轿车为例，空气悬架电控装置的组成如图4-21所示，主要由输入装置、电子控制单元和输出执行装置组成。

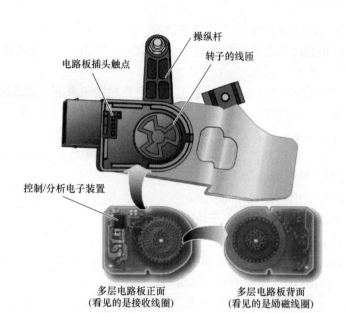

图4-20　水平传感器组成

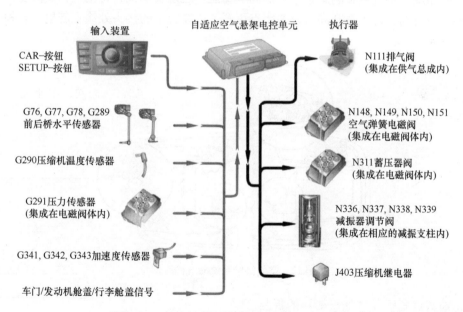

图4-21　奥迪轿车空气悬架电控制装置示意图

【技能训练】

一、举升机升降车辆

用举升机举升带有空气弹簧的车辆时，要切断空气弹簧气路，防止因举升机升降车辆时，造成空气弹簧充放气而损坏空气弹簧。各车型举升机模式的控制方式有所不同，有的采用开关控制，有的用程序控制，维修时要参考相关车型维修手册。奥迪轿车空气悬架的举升机模式是由程序控制的，其应用与退出方法如下：

1. 在空气弹簧系统关闭的情况下升降汽车

1）在用升降台举升汽车之前将车辆空气悬架调整为"Lift"（高位高度）并打开"汽车千斤顶模式"。

该模式可用汽车诊断仪或汽车控制面板上相应的控制按钮来进入或退出，见维修手册。

2）将规定支撑点下的升降台支撑臂定位在纵梁上，然后举升起汽车。

3）降下升降台，汽车车轮着地，折回升降台支撑臂。

4）关闭"汽车千斤顶模式"，然后调整为所需的行驶模式。（在车速超过 10km/h 时，系统自动关闭"汽车千斤顶模式"）。

2. 打开空气弹簧系统的情况下降汽车

1）在空气弹簧系统充气之前汽车车轮不得着地。

2）用专用工具给空气弹簧系统充气。

3）降下升降台，汽车车轮着地。（如果汽车高度不够，折回升降台支撑臂。让发动机怠速运转，这样便会打开供气机组的充气机组的充气压缩机）。

4）关闭"汽车千斤顶模式"，然后调整为所需的行驶模式。

二、空气管路漏气的检查

空气管路漏气将直接影响悬架正常的调节功能。起动发动机，将空气弹簧高度设置在高位置，使车身升高；待车身升高后，关闭点火开关，在管子的接头处涂上肥皂水，检查有无漏气，如图 4-22 所示。

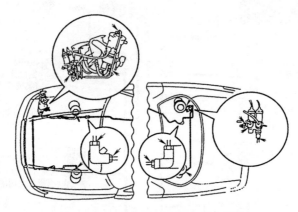

图 4-22　空气供给系统漏气检查部位

三、前减振支柱（空气悬架）的拆装

以奥迪 A6L 轿车为例。

1. 前减振支柱（空气悬架）的拆卸

1）将汽车放到升降器上。

2）用 VAS5051A 排出系统中的气体。

3）拆下车轮装饰罩，拆下车轮。

4）清洁空气接头区域，旋出余压保持阀 2 上的连接件 1，然后将减振器支柱上的空气管脱开。堵住两个接口，注意没有污物颗粒进入接口中，如图 4-23 所示。

一般不得松开或拆开余压保持阀！

5）用钳子把卡子3取下，这个卡子不允许再次使用，如图4-23所示。

6）拧下螺母1，取出螺栓2，然后向上将两个摆臂3拉出，如图4-24所示。

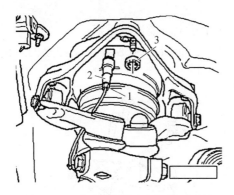

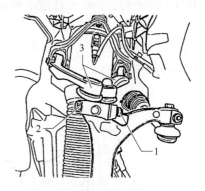

图4-23　脱开减振器这空气管路连接　　图4-24　拆卸空气弹簧上控制臂

车轮轴承壳体中的槽口不允许用凿子或类似物扩开！

7）将汽车高度传感器的连接杆2从支撑臂拧下。旋下六角螺栓1，然后将减振支柱的叉形件从支撑臂上取出，如图4-25所示。脱开减振器控制插头连接1，如图4-26所示。

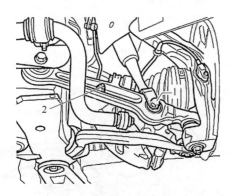

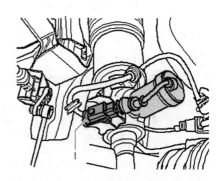

图4-25　拆卸高度传感器拉杆及减振器下部连接　　图4-26　脱开减振器控制插头

8）松开冷却液补偿罐的固定螺栓（箭头），如图4-27所示，松开补偿罐并置于一侧。卸下排水槽盖板，取下螺栓的盖板如图4-28所示。

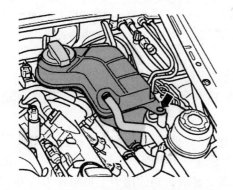

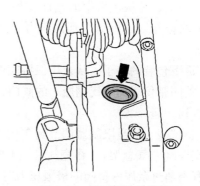

图4-27　拆卸冷却液补偿罐固定螺栓　　图4-28　取下螺栓的盖板

9）拧下排水槽中的六角头螺栓 1，如图 4-29 所示，取出带支撑的减振支柱总成。

2. 前减振支柱（空气悬架）的安装

安装以倒序进行，同时要注意下列事项：

装配期间请注意，减振支柱（空气悬架）的防尘罩上不能出现压痕！

1）首先将减振支柱（空气悬架）安装到车身上，如图 4-30 所示。支撑座的导向件必须安装在车身的插口中。

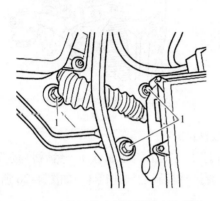
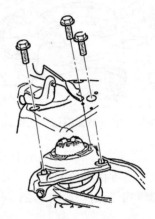

图 4-29　拧下排水槽中的六角头螺栓　　　　图 4-30　减振支柱安装到车身上

2）将上摆臂的两个万向节销 1 装入车轮轴承壳体 2 内，并用钳子（专用工具）尽可能向下张紧，如图 4-31 所示。

3）顶起车轮轴承壳体至调整位置，拧紧空气悬架上下螺栓，并连接好拆下的管路、线路及部件。

4）安装车轮，让汽车车轮着地，拧紧车轮。

5）重新学习调整位置。

四、给减振支柱（空气悬架）充气

新品包装中的减振支柱（空气弹簧）应具有最低压力，以保证其具有一定形状。如果在低于最低压力下从包装中取出，那么未成型的空气弹簧滚动皮囊上会形成褶皱，导致轻微损伤，从而影响其使用寿命。因此，在从包装中取出前应检查该最低压力，必要时应充气以重新达到该压力。其充气方法如下：

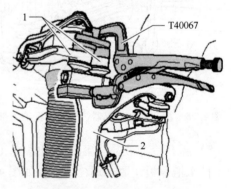

图 4-31　减振支柱上控制臂
与转向节臂的安装

1）拆下包装的盖子，从余压保持阀中拧出锁紧螺栓（箭头），如图 4-32 所示。

2）关闭带仪表的氩气钢瓶 1 的阀门，如图 4-33 所示，将空气弹簧充气单元 2 和适配插头 3 连接到一起。

3）将仪表上流量限制器调节到 2.0L/mm（箭头）。通过若干次单个压力冲击将气体注入减振支柱（空气悬架）。在充气时，不要让压力超过 0.45MPa。

只有当超过余压保持阀的极限压力时，显示器上显示正确的压力。极限压力为 0.35MPa 左右，当压力到达 0.34～0.45MPa 时，减振支柱（空气悬架）就充足气体了。

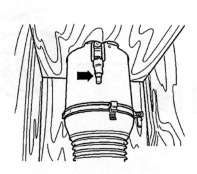

图 4-32　拆下包装中减振支柱
的余压保持阀上锁紧螺栓

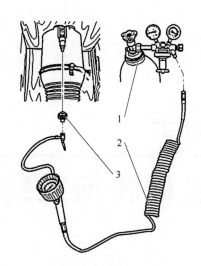

图 4-33　安装充气单元于减振器支柱上

4）将空气弹簧充气单元从适配器上拆开，排出高于 0.35MPa 的气体。

5）从包装中将减振支柱（空气悬架）取出。安装后先升高到高位高度，然后再回到正常高度，再次重复这一过程。

五、空气弹簧没气压时的拖运

如果空气弹簧没气压，要用举升设备顶起车辆，在底盘的四个空气弹簧附近用专用支承块垫起车身后再拖运。

六、电子控制系统的检修

电控系统的故障诊断主要是利用故障诊断仪读取电控单元内的故障码、相关的数据流及进行执行元件测试功能，并配合示波器的信号波形测试等，确定故障范围。应用万用表、试灯等检测工具依据相关电路图对故障范围内的电源、线路、元器件进行检测，从而排除故障。

【课后测评】

1. 电子控制悬架有何功用？其类型有哪些？
2. 奥迪 A6 自适应空气悬架系统的组成有哪些？
3. 简述电子控制悬架的工作原理。
4. 简述 PDC（气动减振控制）阀的双筒式充气减振器的工作原理。
5. 简述空气供给总成的组成及工作原理。
6. 简述空气悬架举升器的升降方法。
7. 简述奥迪 A6L 前空气弹簧的拆装方法。

项目五

机械转向系统的检修

5

【项目目标】

1. 掌握转向系统的组成及工作原理。
2. 掌握转向器的作用、构造及原理。
3. 掌握转向操纵机构的组成及结构。
4. 掌握转向传动机构的组成及结构。
5. 能够对机械转向系统的故障进行诊断与检查。
6. 能够对机械转向器进行拆装。

【知识准备】

一、转向原理

汽车行驶时的转向是通过前轮偏转实现的，转向时为减小行驶的附加阻力和轮胎的磨损，要求转向系统能保证汽车在转向时所有车轮均作纯滚动。通过对转向时车轮的运动规律分析可知，保证汽车各车轮纯滚动的条件是：所有车轮的旋转轴线的延长线必须交于一点，如图 5-1 所示。

轴线的交点 O 称为汽车的转向中心，汽车转向时内侧转向轮偏转角 β 大于外侧转向轮偏转角 α。其关系式为

$$\cot\alpha = \cot\beta + B/L$$

式中　B——两侧主销中心距（可近似认为是转向轮轮距）；

　　　　L——汽车轴距。

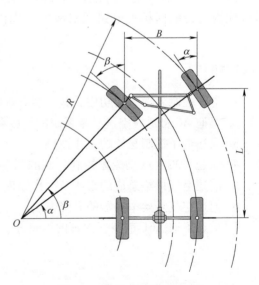

图 5-1　转向时车轮运动规律

　　转向时，外偏转轮和地面的接触点距转向中心 O 的距离称为转弯半径。转弯半径越小，汽车转弯时所需的场地越小，机动性越好。当外偏转轮偏转角达到最大值 α_{max} 时，转弯半径 R 最小。最小转弯半径与外偏转轮最大偏转角的关系为

$$R_{min} = L/\sin\alpha_{max}$$

二、转向系统的功用及类型

　　汽车转向系统的功用是改变和保持汽车的行驶方向。当汽车需要改变行驶方向时，必须使转向轮绕主销轴线偏转一定角度，直到新的行驶方向符合驾驶人的要求时，再将转向轮恢复到直线行驶位置。这种由驾驶人操纵、转向轮偏转和回位的一整套机构，称为汽车转向系统。

　　汽车转向系统按转向能源的不同分为机械转向系统和动力转向系统两大类。

三、转向系统的组成及工作原理

　　机械转向系统以驾驶人的体力作为转向能源，由转向操纵机构（转向盘至转动轴万向节各组成部件）、转向器和转向传动机构（转向摇臂至转向梯形臂等各部件）三大部分组成，如图 5-2 所示。

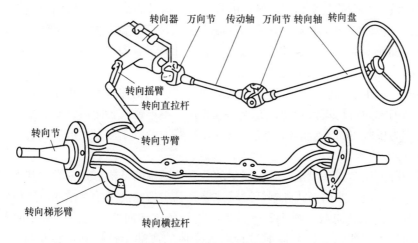

图 5-2　机械转向系统的组成

　　汽车转向时，驾驶人转动转向盘，通过转向轴、万向节和传动轴，将转向力矩输入转向器。转向器中有 1～2 级啮合传动副，具有减速增力作用。经转向器减速后的运动和增大后的力矩传到转向摇臂，再通过转向直拉杆传给固定于左转向节上的转向节臂，使左转向节及装于其上的左转向轮绕主销偏转。左、右梯形臂的一端分别固定在左、右转向节上，另一端则与转向横拉杆作球铰链连接。当左转向节偏转时，经左转向梯形臂、横拉杆和右转向梯形臂的传递，右转向节及装于其上的右转向轮随之绕主销同向偏转相应的角度。

　　梯形臂以及转向横拉杆和前轴构成转向梯形，其作用是在汽车转向时，使内、外转向轮按一定的规律进行偏转。

四、转向器

1. 功用

　　转向器是转向系统中的减速增力传动装置，其功用是增大由转向盘传到转向节的力，并改变力的传递方向。

2. 相关参数

（1）角传动比　转向系统角传动比是指转向盘的转角与转向盘同侧的转向轮偏转角的比值，一般用 i 表示。转向系统角传动比越大，转向时，加在转向盘上的力矩越小，驾驶人操纵力越小，但转向盘行程增大，降低转向的灵敏性。因此，选取角传动比时应兼顾转向省力和转向灵敏的要求。

（2）转向盘自由行程　由于转向系统各传动件之间都存在着配合间隙，随着使用磨损间隙还会增大。转动转向盘时，先要消除这些间隙并克服机件的弹性变形后，转向节才作相应的转动，即转向盘有一空转过程。转向盘为消除间隙、克服弹性变形所空转过的角度称为转向盘自由行程。转向盘自由行程对于缓和路面冲击及避免驾驶人过度紧张是有利的，但过大的自由行程会影响转向灵敏性。一般规定转向盘从直行中间位置向任一方向的自由行程不超过 $10° \sim 15°$。当零件磨损到使转向盘的自由行程超过 $25° \sim 30°$ 时，必须进行调整。通常是通过调整转向器传动副的啮合间隙来调整转向盘的自由行程。

（3）传动效率　转向器的输出功率与输入功率之比称为转向器传动效率。当功率由转向盘输入，从转向摇臂输出时，所求得的传动效率称为正效率；反之则称为逆效率。

转向器正效率的高低关系到转向操作的轻便性，希望正效率高；转向器逆效率关系到路面的冲击能否上传到转向盘上来，影响到驾驶人可从转向盘得到的"路感"。逆效率高，驾驶人获得的"路感"强，在不良路面行驶时，甚至出现转向盘"打手"的情况；逆效率低，驾驶人获得的"路感"差，转向轮的自动回正和自行维持直线行驶的作用会因转向器逆效率过低而消失，加重了驾驶人的操作量，也增加了驾驶人精神的紧张程度。

逆效率高的称为可逆式转向器，逆效率低的称为不可逆式转向器，逆效率略高于不可逆式的转向器称为极限可逆式转向器。经常行驶在好路上的汽车多采用可逆式转向器。

3. 结构及工作原理

转向器的种类较多，一般是按转向器中的啮合传动副的结构形式分类，其类型有齿轮齿条式、循环球式、蜗杆曲柄销式和蜗杆滚轮式等，其中齿轮齿条式、循环球式较常见。

（1）齿轮齿条式转向器　图 5-3 所示为齿轮齿条式转向器，它主要由转向器壳体、转向齿轮和转向齿条等组成。转向器通过转向器壳体的两端用螺栓固定在车身（车架）上。齿轮轴通过球轴承、滚柱轴承垂直安装在壳体中，其上端通过花键与转向轴上的万向节相连，其下部是与轴制成一体的转向齿轮。转向齿轮是转向器的主动件，与它相啮合的从动件转向齿条水平布置，齿条背面装有压簧垫块。在压簧的作用下，压簧垫块将齿条压靠在齿轮上，保证二者无间隙啮合。调整螺塞可用来调整压簧的预紧力。压簧不仅起消除啮合间隙的作用，而且还是一个弹性支承，可以吸收部分振动能量，缓和冲击。

转向齿条的中部（有的是齿条两端）通过拉杆、支架与左、右转向横拉杆连接。转动转向盘时，转向齿轮转动，与之相啮合的转向齿条沿轴向移动，从而使左、右转向横拉杆带动转向节转动，使转向轮偏转，实现汽车转向。

齿轮齿条式转向器结构简单、传动效率高、操纵轻便、重量轻。由于不需转向摇臂和转向直拉杆，还使转向传动机构得以简化。在有效地解决了逆传动效率高和实现转向器可变速比等技术问题后，这种转向器在前轮为独立悬架的中级以下轿车和轻型、微型货车上得以广泛应用。

（2）循环球式转向器　循环球式转向器分为循环球—齿条齿扇式和循环球—滑块曲柄

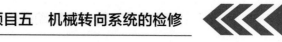

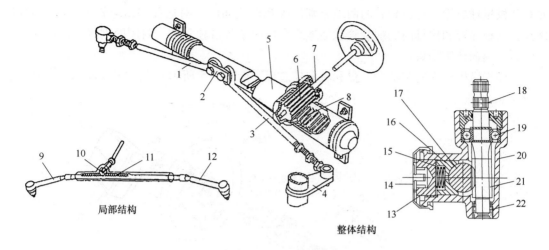

图 5-3　齿轮齿条式转向器

1、3、9、12—转向横拉杆　2—拉杆支架　4—转向节　5、20—转向器壳体　6、10、21—转向齿轮
7、18—齿轮轴　8、11、17—转向齿条　13—调整螺塞　14—罩盖
15—压簧　16—压簧垫块　19—球轴承　22—滚柱轴承

销式两种。其中循环球—齿条齿扇式应用较广。它有两级传动副，第一级是螺杆螺母传动副，第二级是齿条齿扇传动副。

图 5-4 所示为循环球—齿条齿扇式转向器的整体结构。转向螺杆 23 的轴颈支承在两个推力球轴承上，轴承紧度可用调整垫片 21 调整。转向螺母 3 的下平面上加工成齿条，与齿扇部分啮合。可见，转向螺母既是第一级传动副的从动件，也是第二级传动副（齿条齿扇传动副）的主动件。通过转向盘和转向轴转动转向螺杆时，转向螺母不能转动，只能轴向移动，并驱使齿扇及摇臂轴转动。

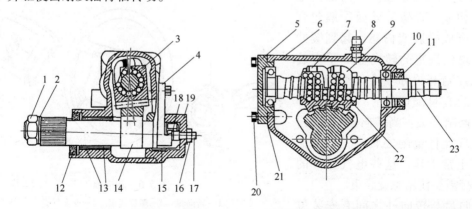

图 5-4　循环球—齿条齿扇式转向器结构

1—螺母　2—弹簧垫圈　3—转向螺母　4、6—转向器壳体　5—转向器壳体底盖　7—导管卡子
8—加油螺塞　9—钢球导管　10—球轴承　11、12—油封　13、15—滚针轴承　14—齿扇轴（摇臂轴）
16—锁紧螺母　17—调整螺钉　18、21—调整垫片　19—侧盖　20—螺栓　22—钢球　23—转向螺杆

为了减少转向螺杆和转向螺母之间的摩擦，二者的螺纹并不直接接触，其间装有许多钢球，以实现滚动摩擦。转向螺母的内径大于转向螺杆的外径，故能松套在螺杆上。转向螺母

外有两根钢球导管，每根导管的两端分别插入螺母侧面的一对通孔中，导管内装满了钢球。这样，两根导管和螺母内的螺旋管状通道组合成两条各自独立的、封闭的钢球"流道"。

五、转向操纵机构

转向操纵机构主要包括转向盘和转向柱总成，如图5-5所示。

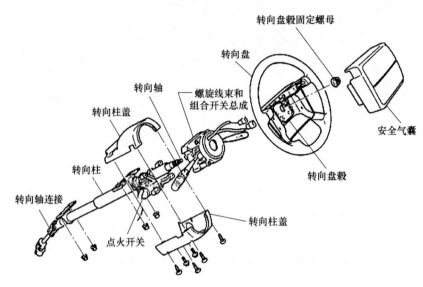

图 5-5　转向操纵机构

1. 转向盘

转向盘（图5-6）呈圆形，主要作用是将驾驶人施加在转向盘上的力矩传递给转向柱。转向盘通过细齿花键与转向轴连接，并用螺母或螺栓紧固。其内部由金属骨架构成，骨架的外面一般包有柔软的合成橡胶或树脂，起到缓冲作用。现代汽车的转向盘除了安装有喇叭控制开关和安全气囊外，通常还安装有自动巡航、音响娱乐等系统的控制开关。当转向盘转动时，这些电气元件也随之转动。为了保证它们正常工作，这些电气元件的线束连接需要使用螺旋线束。

转向盘与转向柱之间有安装位置要求，安装时必须对准标记，否

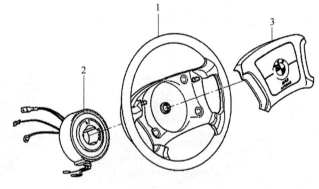

图 5-6　转向盘
1—转向盘　2—螺旋线束　3—安全气囊

则转向盘无法正确安装到位。拆卸转向盘时必须断开蓄电池负极，以断开安全气囊的工作电源，同时对齐螺旋线束的安装标记，以防其损坏。

2. 转向柱总成

转向柱总成位于转向盘和转向器之间，主要作用是将来自转向盘的转向力矩传递给转向器。

（1）转向柱总成的组成 转向柱总成主要由转向柱管、转向轴、转向传动轴、万向节等组成，如图 5-7 所示。

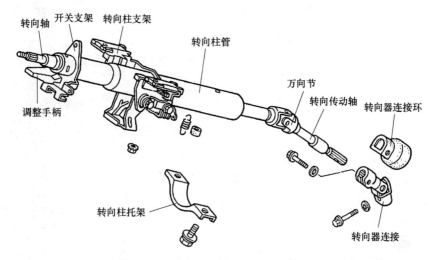

图 5-7 转向柱总成

转向轴采用轴承支承在转向柱管中，上端采用细齿花键与转向盘连接，并用螺栓或螺母紧固，下端通过万向节（通常称为"上万向节"）连接转向传动轴。转向传动轴也叫中间轴，它穿过地板通孔，并通过万向节（通常称为"下万向节"）或挠性联轴器（图 5-8）与转向器输入轴连接。万向节既能保证转向轴、转向传动轴和转向器输入轴正常转动，又允许转向轴与转向器输入轴有一定的轴向移动。地板通孔采用专用脚底护板覆盖，该脚底护板上装有油封和消声器，以满足降噪、防尘、防风的要求。另外，转向轴的上端通常安装有转向柱锁盘（图 5-9），并与转向柱锁配合，实现转向柱锁止功能。

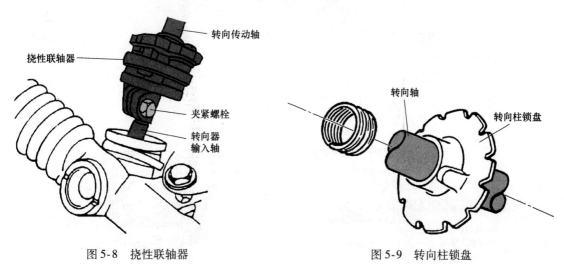

图 5-8 挠性联轴器   图 5-9 转向柱锁盘

转向柱管通过支架安装在车身上，它除了支承转向轴外，同时也为一些开关元件（如刮水器开关总成、转向信号灯开关等）提供安装位置。许多转向柱管的顶端安装有点火开关及锁芯、转向柱锁，如图 5-10 所示。点火开关关闭后，转向柱被锁止，实现车辆防盗功能。有些转向柱管上还安装有车辆防盗系统的相关部件，如防盗模块等。如果这些部件损坏，发动机将不能起动。因此，在维修转向柱时必须避免损坏防盗系统部件及相关电路。

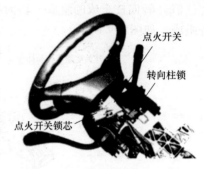

图 5-10　点火开关、转向柱锁和点火开关锁芯

转向柱暴露在仪表台上方的部分覆盖有装饰盖，它把一些安装支架及导线隐藏起来。转向柱装饰盖通常由两部分组成，即上装饰盖和下装饰盖。转向柱下部安装有膝垫，它可以减轻车辆发生碰撞时对驾驶人的伤害。

（2）转向柱调节

1）机械调节方式。为了有助于驾驶人将转向盘调整到舒适的位置，转向柱配有倾斜/伸缩调整机构。可调节式的转向柱的结构如图 5-11 所示。转向轴、转向柱管都分为两段，上段转向轴与下段转向轴通过轴上花键连接，上下两段分别通过轴承支承在转向柱管内。上段转向杜管与下段转向柱管间可以轴向滑动，下段转向柱下端是万向节连接结构。在上段转向柱管外安装有倾斜/伸缩调整机构，该机构的安装支架通过隔套固定在仪表台下。转向柱倾斜/伸缩限制器上沿调节手柄的轴向上有一套相对的凸轮机构，转动调节手柄使两相对凸轮处于不同的位置可实

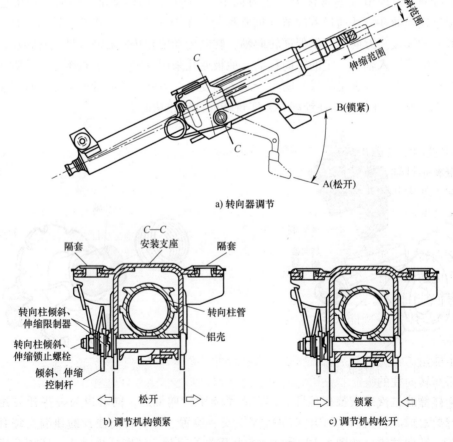

a) 转向器调节

b) 调节机构锁紧　　　c) 调节机构松开

图 5-11　转向柱调节机构

现调节机构的松开和锁紧。调节机构松开时可实现倾斜/伸缩功能的调节。

2）电动调整方式。以奥迪轿车为例，该调整机构主要由固定部分（支架，它与车身固定），调整部分（轴向调整部分：导板盒，它与转向柱固定在一起，可在箱式摇臂内轴向滑动；垂直调整部分：箱式摇臂，其一端通过旋转中心的轴销与支架铰接，另一端通过垂直方向的左右两套螺纹套和螺杆连接在支架上为可调活动端），驱动部分（轴向调整驱动部分：由带减速器的电动机、螺栓和调整座组成；垂直调整驱动部分：电动机、柔性轴、蜗轮蜗杆减速器、螺栓螺纹套、圆柱齿轮、同步带等）组成。

① 轴向调整（图5-12）。带有减速器的电动机和螺杆与箱式摇臂固定在一起。带有转向柱管的导板盒与调整座固定一起。螺杆拧在调整座的内螺纹内，当电动机带动螺杆转动时，调整座就会带动导板盒和转向柱管轴向运动实现转向盘的轴向调节。

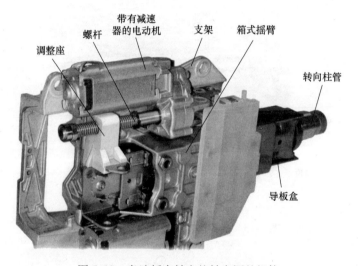

图5-12　奥迪轿车转向柱轴向调整机构

② 垂直调整（图5-13）。带有导板盒和转向柱管的箱式摇臂一端通过轴铰接支承在支架上。带有柔性轴、螺杆和减速器的电动机与箱式摇臂固定在一起。箱式摇臂另一端通过两个螺杆和支架内装的两个螺纹套连接为可调端。电动机直接驱动一个螺杆转动，同时通过该螺纹杆下端的圆柱齿轮、齿形带传给另一个螺杆的圆柱齿轮。两个螺杆同时转动，使得支架内的两个螺纹套在垂直方向运动，从而使带有导板盒和转向柱管的箱式摇臂就会绕轴铰接支承垂直方向转动，实现转向柱管的垂直调整。

每个电动机内有一个霍尔传感器，该传感器会测定出电动机转动的圈数，控制单元由此计算出转向柱当前的位置。

（3）转向柱碰撞吸能　转向盘及转向柱正对驾驶人，当汽车正面碰撞比较剧烈时，它们将会撞击驾驶人的胸部，对驾驶人造成伤害。因此，转向柱通常设计有碰撞吸能装置，以吸收撞击能量。常见的有钢球滚压式，网状溃缩式和安装支架断裂式等。如图5-14所示为马自达轿车转向柱的吸能装置，为两级吸能结构，万向节及中间轴的滑动结构为一级吸能装置，发生碰撞时，汽车前部碰撞使转向器向后移动，中间轴收缩吸收碰撞能量（图中的X部位）；转向支座及吸振钢线为二级吸能装置，当驾驶人的身体接触转向盘时，转向柱固定支座与仪表台脱离（转向柱支座的螺栓安装孔不是圆孔，为U形结构，通过特殊的弹簧垫

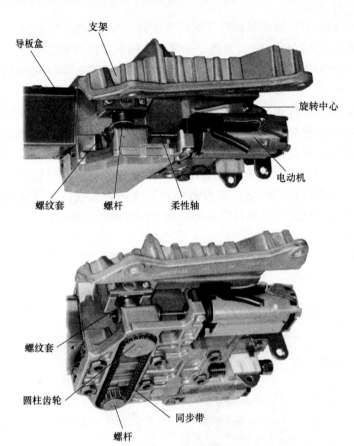

图 5-13 奥迪轿车转向柱垂直调整机构

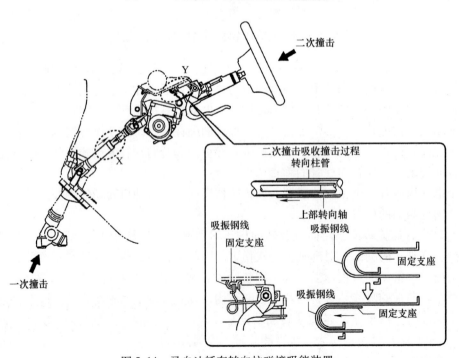

图 5-14 马自达轿车转向柱碰撞吸能装置

用螺栓固定在仪表台架上，当转向柱向前的推力增大超过规定值时，固定螺栓会从 U 形孔中滑出，使转向柱与仪表台分离），固定支座连同上部转向轴和转向柱管向前滑动，此时，吸振钢线（它一部分固定在仪表台上）变形吸收驾驶人的撞击能量（图中的 Y 部位）。

六、转向传动机构

转向传动机构将转向器输出的力矩传递给转向桥两侧的转向节，使两侧车轮偏转，同时，也使两侧转向轮偏转角度按一定关系变化，以保证汽车转向时车轮与地面的相对滑动尽可能小。转向传动机构的组成和布置因转向器的位置和转向车轮悬架的类型而异。

1. 与非独立悬架配用的转向传动机构

与非独立悬架配用的转向传动机构如图 5-15 所示。转向传动机构由转向摇臂、转向直拉杆、转向节臂和梯形臂等零部件共同组成，其中转向梯形由梯形臂、转向横拉杆和前梁共同构成。各杆件之间都采用球形铰链连接，并设有防止松动、缓冲吸振、自动消除磨损后的间隙等结构。

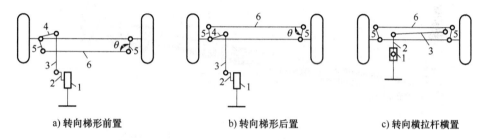

a) 转向梯形前置　　　　b) 转向梯形后置　　　　c) 转向横拉杆横置

图 5-15　与非独立悬架配用的转向传动机构示意图
1—转向器　2—转向摇臂　3—转向直拉杆　4—转向节臂　5—梯形臂　6—转向横拉杆

（1）转向摇臂　它是把转向器输出的力和运动传给转向直拉杆或转向横拉杆的传动件。其结构如图 5-16 所示。转向摇臂的上端具有锥度的三角形细花键槽孔，与转向摇臂轴外端花键相连接。为保证装配关系正确，在转向摇臂轴的外端面和摇臂上孔的外端面上刻有装配标志。转向摇臂的小端锥形孔装有与转向直拉杆相连接的球头销。

（2）转向直拉杆　运动传给转向梯形或转向节臂，其结构如图 5-17 所示。转向直拉杆的中间段为实心或空心杆件，两端则较粗，内装球头座 5。球头座分别将两个球头销的球头 10 夹住，通过球头销一端与转向摇臂连接，另一端与转向节臂（或梯形臂）连接。在球头座的两侧或一侧有压缩弹簧 6 和端部螺塞 4，保证球头销和转向直拉杆的铰链连接不松旷。弹簧预紧力可由端部螺塞调节。

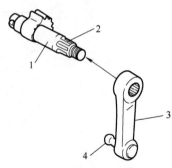

图 5-16　转向摇臂
1—摇臂轴　2—带锥度的三角形细花键
3—转向摇臂　4—球头销

（3）转向横拉杆　它是连接左、右梯形臂的传动件，其结构如图 5-18 所示。转向横拉杆由转向横拉杆体（图中未画出）和两端的横拉杆接头组成。球头销 14 的球头置于横拉杆接头的两球头座 9 内，球头销的尾部与梯形臂或转向节臂相连。

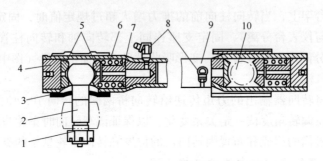

图 5-17　转向直拉杆

1—螺母　2—球头销　3—橡胶防尘垫　4—端部螺塞　5—球头座　6—压缩弹簧
7—弹簧座　8—油脂嘴　9—直拉杆体　10—转向摇臂球头销

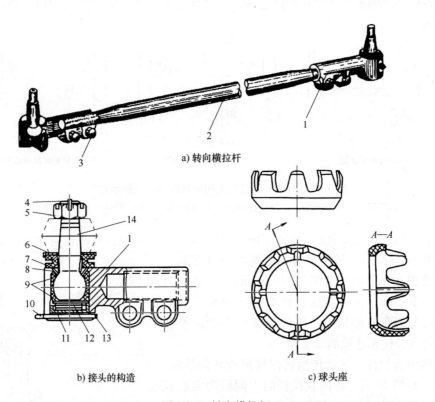

a) 转向横拉杆

b) 接头的构造　　　　　c) 球头座

图 5-18　转向横拉杆

1—横拉杆接头　2—横拉杆体　3—夹紧螺栓　4—开口销　5—槽形螺母　6—防尘垫座　7—防尘垫
8—防尘罩　9—球头座　10—限位销　11—螺塞　12—弹簧　13—弹簧座　14—球头销

（4）转向节臂和梯形臂　转向横拉杆通过转向节臂与转向节相连。转向横拉杆两端经左、右梯形臂与转向节相连。转向节臂和梯形臂带锥形柱的一端与转向节锥形孔相配合，用键防止螺母松动。臂的另一端带有锥形孔，与相应的拉杆球头销锥形柱相配合，同样用螺母紧固后插入开口销锁住，如图 5-19 所示。

2. 与独立悬架配用的转向传动机构

当转向轮采用独立悬架时，由于每个转向轮都需要相对于车架（或车身）作独立运动，

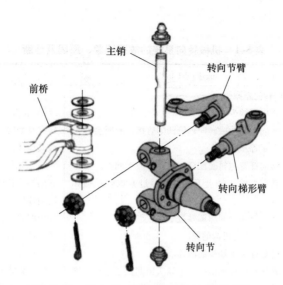

图5-19　转向节、转向节臂和转向梯形臂

所以，转向桥必须是断开式的。与此同时，转向传动机构中的转向梯形也必须分成两段或三段。图5-20所示为与独立悬架配用的转向传动机构示意图。其中图5-20a、图5-20b所示的机构与循环球式转向器配用，图5-20c、图5-20d所示的机构与齿轮齿条式转向器配用。

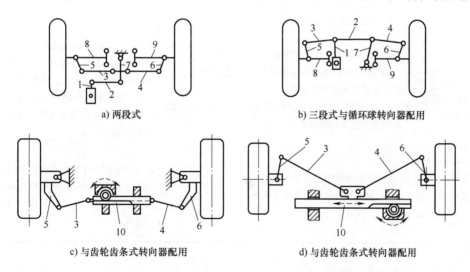

a) 两段式　　　　　　　　　　b) 三段式与循环球转向器配用

c) 与齿轮齿条式转向器配用　　　d) 与齿轮齿条式转向器配用

图5-20　与独立悬架配用的转向传动机构示意图

1—转向摇臂　2—转向直拉杆　3—左转向横拉杆　4—右转向横拉杆　5—左梯形臂　6—右梯形臂
7—摇杆　8—悬架左摆臂　9—悬架右摆臂　10—齿轮齿条式转向器

【技能训练】

一、机械转向系统的故障现象及原因

机械转向系统在使用过程中由于维护调整不当、磨损、碰撞变形等原因，会使转向器过紧、转向传动机构和转向操纵机构松旷、变形、发卡等，从而造成转向沉重、行驶跑偏等故

障，具体见表 5-1。

表 5-1　机械转向系统的故障现象、原因及诊断

故障现象	故障原因	故障诊断
转向沉重 　汽车在行驶中，转动转向盘感到沉重费力，转弯后不能及时回正方向	（1）转向器原因 1）转向器缺少润滑油。 2）转向轴弯曲或转向轴管凹陷碰擦，有时会发出"吱吱"的摩擦声。 3）转向摇臂与衬套配合间隙过小或无间隙。 4）转向器输入轴上下轴承调整过紧或轴承损坏受阻。 5）转向器啮合间隙调整过小。 （2）转向传动机构的原因 1）各处球头销缺少润滑油。 2）转向直拉杆和横拉杆上球头销调整过紧，压紧弹簧过硬。 3）转向直拉杆或横拉杆弯曲变形。 4）转向节主销与衬套配合间隙过小或衬套转动使油道堵塞，润滑油无法进入，使衬套与转向节主销烧蚀。 5）转向节推力轴承调整过紧或缺少润滑油或损坏。 6）转向节臂变形	1）顶起前桥，转动转向盘，若感到转向盘变轻，则故障部位在前桥、车轮或其他部位。 2）若转向仍然感到沉重，则故障在转向器或转向传动机构，可进一步拆下转向摇臂与直拉杆，若此时转向变轻，则说明故障在转向传动机构，应检查各球头销是否装配过紧或推力轴承是否缺油、损坏，各拉杆是否弯曲变形等。 3）拆下转向摇臂后，若转向仍沉重，则转向器本身有故障，可检查转向器是否缺油，转动转向盘时倾听有无转向轴与柱管的碰擦声，检查调整转向器主动轴上、下轴承预紧度和啮合间隙，转向摇臂轴转动是否发卡等。若仍不能排除故障，则拆检转向器
低速摆头 　汽车在低速行驶时，感到方向不稳，产生前轮摆振	1）转向器传动副啮合间隙过大。 2）转向传动机构横、直拉杆各球头销磨损、松旷，弹簧折断或调整过松。 3）转向节主销与衬套的配合间隙过大或前轴主销孔与主销配合间隙过大	1）一人握紧转向摇臂，另一人转动转向盘，若自由行程过大，说明转向器啮合传动副间隙过大，应调整。 2）握住转向传动机构各连杆，用一定力晃动检查各球头连接是否松旷，若有需调整或更换
单边转向不足 　汽车转弯时，有时会出现转向盘左右转动量或车轮转角不等	1）转向摇臂安装位置不对。 2）转向角限位螺钉调整不当。 3）转向直拉杆弯曲变形	检查转向传动机构各连接杆件是否有弯曲变形、刮碰等。检查转向摇臂安装位置是否正确。检查转向横拉杆调整是否正确

二、齿轮齿条转向器的检修

（1）拆卸　齿轮齿条式转向器分解图如图 5-21 所示。拆卸分解中，应先在转向齿条端头与转向横拉杆连接处打上安装标记；然后拆卸转向齿条端头，但不能碰伤转向齿条的外表面，拆下转向齿条导块组件后，拉住转向齿条，使齿对准转向齿轮，再拆卸转向齿轮；最后抽出转向齿条。抽出时，注意不能让转向齿条转动，防止碰伤齿面。

（2）检修

1）零件出现裂纹应进行更换，转向横拉杆、转向齿条在总成修理时应进行隐伤检验。

2）转向齿条的直线度误差不得大于 0.30mm。

3）齿面上应无疲劳剥蚀及严重磨损，若出现左右大转角时转向沉重且又无法调整，则

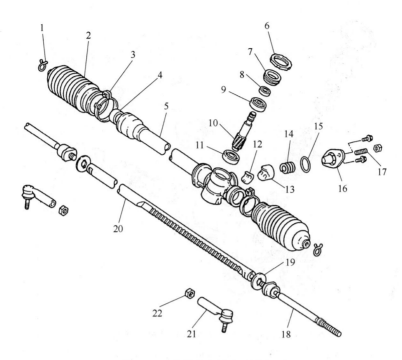

图 5-21　齿轮齿条转向器分解图

1—防尘套卡　2—齿条防尘套　3—防尘套夹子　4—齿条轴套　5—转向器壳　6—锁紧螺母
7—调整螺母　8—齿轮油封　9—上轴承　10—转向齿轮　11—下轴承　12—齿条导向轴瓦
13—导向座　14—弹簧　15—密封圈　16—端盖　17—调节螺栓　18—内拉杆
19—锁止垫片　20—齿条　21—外拉杆　22—锁止螺母

应进行更换。

（3）装配

1）安装转向齿轮：

① 将上轴承和下轴承压在转向齿轮轴颈上，轴承内座圈与齿端之间应装好隔圈。

② 把油封压入调整螺塞。

③ 将转向齿轮及轴承一块压入壳体。

④ 装上调整螺塞及油封，并调整转向齿轮轴承紧度。手感应无轴向窜动，转动自如，转向齿轮的转向力矩符合原厂规定，一般约为 1.5N·m。

⑤ 按原厂规定的拧紧力矩紧固螺母，并装好防尘罩。

2）装入转向齿条。

3）安装齿条衬套。转向齿条与衬套的配合间隙不得大于 0.15mm。

4）装入齿条导块、隔环、导块压紧弹簧、弹簧帽及锁紧螺母。

5）调整转向齿条与转向齿轮的啮合间隙。

三、循环球式转向器的拆装、检查与调整

（1）拆卸转向器　BJ2020 型汽车循环球式转向器结构如图 5-22 所示。

1）转动蜗杆至中央位置，做标记，标出蜗杆与壳体的相对位置，如图 5-23 所示。

2）拆下蜗杆轴承的锁紧螺母。

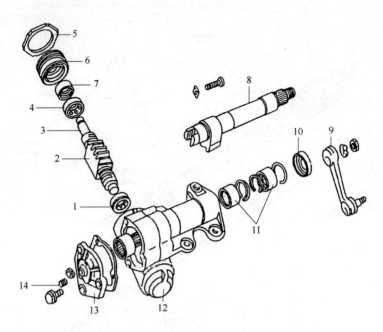

图 5-22　BJ2020 型汽车循环球式转向器的结构

1—球形螺母　2—蜗杆　3—螺杆轴　4—蜗杆轴承　5—锁紧螺母　6—轴承调整件　7、9—油封
8—转向摇臂轴　10—转向摇臂　11—轴承　12—转向器壳　13—转向器端盖　14—放油塞

3）拆下转向器端盖。取下转向器摇臂，顺时针旋转调整螺钉，以拆下端盖与衬垫，从摇臂轴端部拆下调整螺钉及调整垫片。

4）从转向器壳体中取下蜗杆轴和蜗杆。注意，无特殊需要，不要拧下循环球导管卡片的两个固定螺钉。

5）检查各零部件有无磨损、表面点蚀、变形等异常情况，视情况进行修理、更换。

6）清洗各部零件，为复装总成做准备。

（2）安装与调整

1）安装转向螺杆组件。装配前，在轴承和油封上涂抹多用途润滑脂，如图 5-24 所示。蜗杆和蜗杆轴组件拆散

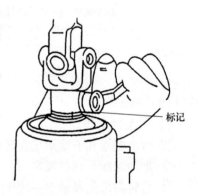

图 5-23　做装配标记

后（一般不拆散），如图 5-25 所示，平稳地逐个装入钢球，装钢球的过程中，转向螺杆和螺母不要相对运动，必要时，只能稍许转动转向螺母或用塑料棒将钢球轻轻冲进滚道内；然后给装满钢球的导管口涂压润滑脂防止钢球脱出，用导管卡将导管固定在转向螺母上。所装钢球的直径和数量必须符合原厂规定。

2）调整蜗杆轴承预紧度。把轴承压装在蜗杆轴颈上后，将蜗杆和蜗杆轴组件装入转向器壳内，再装上油封，并拧上轴承调整件，如图 5-26 所示。

调整蜗杆轴承预紧度，如图 5-27 所示，用扭力扳手拧动蜗杆轴，转动力矩为 0.3 ～ 0.5N·m，否则可以通过轴承调整件来调整（如图 5-24 所示，左右转动螺母可改变预紧度）。调整后，蜗杆轴应轴向推拉无间隙感觉，且转动灵活自如。

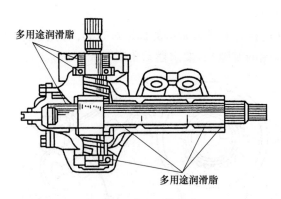

图 5-24　涂润滑脂部位

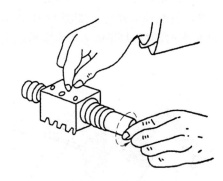

图 5-25　装入钢球

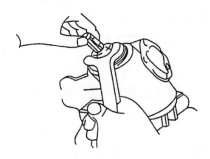

图 5-26　拧上轴承调整件

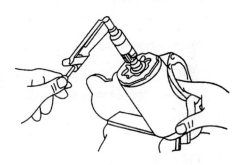

图 5-27　测量蜗杆轴转动力矩

3）装配锁紧螺母。装上锁紧螺母后，用专用工具卡住蜗杆轴承调整件，再用呆扳手拧紧锁紧螺母（将转向螺母及齿轮置于中间位置）。

4）安装摇臂轴。把轴承滚针涂抹润滑脂后，粘贴在转向器壳内的轴承外圈里。把调整螺钉装入摇臂轴，然后把摇臂轴组件装入转向器壳内，如图 5-28 所示。

5）装上端盖垫和端盖。把固定端盖的 4 个螺栓拧紧。

6）对准装配记号。把蜗杆置于蜗杆轴的中间位置，转动蜗杆轴，使标记对齐，如图 5-29 所示，表示蜗杆置于蜗杆轴（转向螺母）中间位置；如果没有标记，可以转动蜗杆总圈数的二分之一圈，即为中间位置。

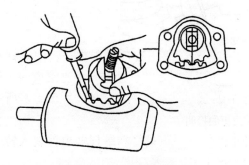

图 5-28　安装摇臂轴组件

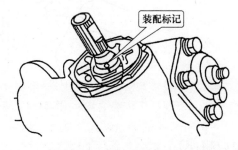

图 5-29　对准装配标记

7）总预紧度的调整。如图 5-30 所示，一边拧动端盖上的调整螺钉一边用扭力扳手测量转动蜗杆的力矩，要求蜗杆、螺母在中间位置时的力矩为 $0.8 \sim 1.1 \text{N} \cdot \text{m}$。

8）拧紧锁紧螺母。拧紧调整螺钉的锁紧螺母。

9）装配转向摇臂。如图 5-31 所示，把转向摇臂和摇臂轴端的标记对齐后，测量摇臂在中间位置时的摆动间隙（实为摇臂轴上扇形齿轮的游隙），要求摆动角度不大于 5°。

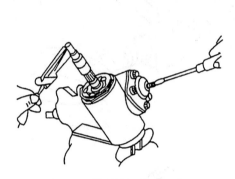

图 5-30　测量转动蜗杆的力矩

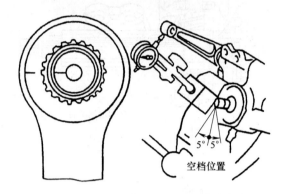

图 5-31　对准装配标记和摆动间隙

10）安装转向器总成。把转向器总成安装到车身上，拧紧 4 个固定螺栓。装上转向摇臂，拧紧固定螺母，装好锁紧装置。连接拉杆和摇臂，拧紧固定螺母，装好锁紧装置。按原厂规定加注润滑油。

四、拉杆球头的检查

1）检查横拉杆端头是否损坏，密封套是否有裂缝。如果有故障，则应更换横拉杆端头。

2）检查游隙是否过大。如果有故障，则应更换横拉杆端头。

3）旋转横拉杆端头 5 次。

4）在球头上安装两个螺母，并且使用一个扭力扳手测量横拉杆端头的旋转力矩。马自达阿特兹轿车转向横拉杆端头旋转力矩：0.6～3.0N·m。如果不在规定范围内，则应更换横拉杆端头，如图 5-32 所示。

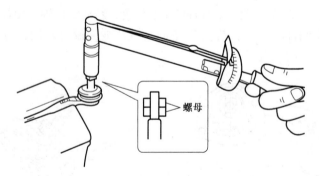

图 5-32　端头旋转力矩的检测

【课后测评】

1. 转向系统有何功用？其类型有哪些？
2. 简述机械转向系统组成及工作原理。

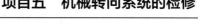

3. 转向器有何功用？它有哪些主要类型？
4. 什么是转向盘自由行程？
5. 简述齿轮齿条式转向器的组成及原理。
6. 简述循环球式转向器的组成及原理。
7. 转向操纵机构组成有哪些？
8. 转向传动机构组成有哪些？
9. 简述机械转向系统的故障现象、原因及诊断方法。

项目六

液压动力转向系统的检修

6

【项目目标】

1. 掌握液压动力转向系统的组成及原理。
2. 掌握转向油泵及液压控制阀的结构及原理。
3. 掌握电控液压转向系统的组成及原理。
4. 能够对液压动力转向系统常见故障进行诊断。
5. 能够对液压动力转向系统各部件进行检查及更换。

【知识准备】

一、概述

汽车转向时，要求转向系统转向灵敏、操纵轻便，而灵敏度高需要转向器传动比大，操纵轻便要求转向器传动比小。普通机械转向系统很难兼顾这种相互矛盾的要求，因此现代汽车上广泛采用了动力转向系统。

动力转向系统是利用发动机输出的部分能量作为转向助力能量，在驾驶人的操纵下对转向机构的某个部件施加作用力，以减轻驾驶人的转向操纵力的一套零部件的总称。

动力转向系统的作用是减小汽车转向时，驾驶人施加给转向盘的力，提高驾驶舒适性。

动力转向系统按动力介质的不同分为气压式、液压式和电动式三类。液压式动力转向系统按内部的压力分为常流式和常压式；按液压控制阀的类型分为滑阀式和转阀式；按控制方式分为普通液压式和电控制液压式。由于电动式动力转向系统结构紧凑、重量轻、性能优良，在现代轿车应用广泛。

二、普通液压动力转向系统

1. 基本组成及原理

通过在机械式转向系统中改进加装液压动力缸和转向控制阀即构成了普通液压动力转向系统，如图6-1所示。其液压系统主要由储油室、油泵及流量控制阀、转向控制阀、转向动力缸及连接管路等组成。

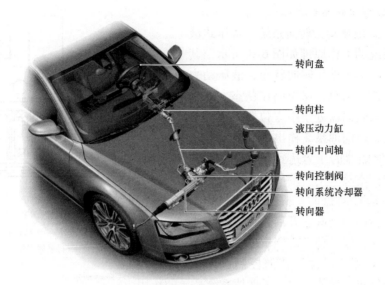

图 6-1　液压动力转向系统

　　液压动力转向系统的工作原理如图 6-2 所示。当驾驶人转动转向盘，通过转向轴带动转向控制阀移动，转换动力缸两侧的高低压油路，使动力缸的活塞在高低油压差的压力作用下移动，通过活塞轴带动转向机构运动，帮助驾驶人进行转向操纵，因而使转向操纵轻便、灵活，提高了汽车行驶的安全性。

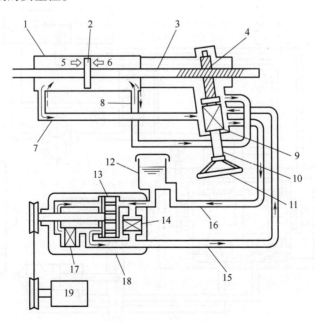

图 6-2　液压动力转向系统的工作原理

1—动力缸　2—齿条活塞　3—齿条　4—齿轮　5—室 A　6—室 B　7—钢管 A　8—钢管 B
9—转向控制阀　10—转向轴　11—转向盘　12—储油室　13—叶片泵　14—减压阀
15—胶管 A　16—胶管 B　17—泵控制阀　18—油泵　19—发动机

2. 液压动力转向系统的类型

（1）常压式液压动力转向系统　常压式液压动力转向系统的工作原理如图6-3所示。其特点是无论汽车是否处于转向状态，液压动力转向系统的工作管路总是保持高压状态，因此称为常压式。当转向盘处于中立位置时，转向控制阀5关闭，转向油泵2输出的压力油充入储能器3，当储能器的压力达到规定值后转向油泵即自动卸荷空转。

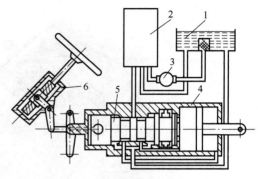

图6-3　常压式液压动力转向系统
1—转向油罐　2—转向油泵　3—储能器
4—转向动力缸　5—转向控制阀
6—机械转向器

驾驶人转动转向盘时，机械转向器6工作，同时带动转向控制阀5开启，储能器3中的压力油流入转向动力缸4，产生推力以助转向。转向盘一旦停止转动，转向控制阀即关闭，助力作用停止。储能器起到了保持系统高压的作用。

（2）常流式液压动力转向系统　常流式液压动力转向系统的工作原理如图6-4所示，其特点是无论汽车是否处于转向状态，液压动力转向系统的工作管路中的油液总是在流动，压力较低，只有在转向时才产生瞬时高压，因此称为常流式。当转向盘处于中立位置时，转向控制阀6保持开启，转向动力缸8活塞两侧压力相等，不产生动作，此时系统中的油泵在空转，油液处于低压流动状态。驾驶人转动转向盘时，机械转向器7工作，同时带动转向控制

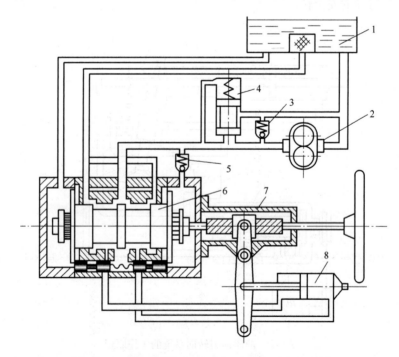

图6-4　常流式液压动力转向系统的工作原理示意图
1—转向油罐　2—转向油泵　3—溢流阀　4—流量控制阀
5—单向阀　6—转向控制阀　7—机械转向器　8—转向动力缸

阀6动作，处于某一转弯方向相应的工作位置，此时转向动力缸8相应的工作腔与回油管路隔绝，与油泵输出管路相通，压力急剧升高，而另一工作腔则仍然与回油管路相通，压力较低，转向动力缸8的活塞移动，产生推力。转向盘停止转动后，转向控制阀6随即回到中立位置，转向动力缸8停止工作。

常流式液压动力转向系统的布置方案按机械转向器、转向控制阀和转向动力缸三者的组合及位置关系可以分为三种：

1）整体式动力转向系统：机械转向器和转向动力缸设计成一体，并与转向控制阀组装在一起，如图6-5a所示，其代表类型为循环球式液力转向器和齿轮齿条式液力转向器。

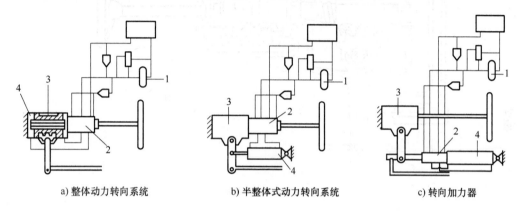

a) 整体动力转向系统　　　　b) 半整体式动力转向系统　　　　c) 转向加力器

图6-5　常流式液压动力转向系统类型

1—转向油泵　2—转向控制阀　3—机械转向器　4—动力缸

2）半整体式动力转向系统：转向控制阀同机械转向器组合成一体，而转向动力缸则作为一个独立的部件，如图6-5b所示。

3）转向加力器：机械转向器独立，而将转向控制阀和转向动力缸组合成一体，如图6-5c所示。

上述两种液压转向加力装置相比较，常压式的优点在于有储能器积蓄液压能，可以使用流量较小的转向油泵，而且还可以在油泵不运转的情况下保持一定的动力转向能力，使汽车能够续驶相当大的里程。常流式的优点在于结构简单，消耗功率小，管路压力低，泄漏少，工作寿命长，广泛应用于各种汽车上，一汽奥迪100型轿车即采用这种形式的转向加力装置。

3. 液压常流滑阀式动力转向系统

液压常流滑阀式动力转向系统主要由储油罐、转向油泵、转向控制阀和转向动力缸组成，如图6-6a所示。转向控制阀是动力缸的控制部分，用来控制油泵输出油液的流向，其由阀体、滑阀、反作用柱塞和滑阀回位弹簧组成。滑阀通过轴承支撑在转向轴上，不转向时，反作用柱塞和滑阀回位弹簧使滑阀位于阀体的中间位置。此时，滑阀的两端与阀体的两端面各保持 h 的间隙。

汽车直线行驶时，如图6-6a所示，滑阀在回位弹簧的作用下保持在中间位置。转向控制阀内各环槽相通，自油泵输送来的油液进入阀体环槽 A 之后，经环槽 B 和 C 分别流入转向动力缸的 R 腔和 L 腔，同时又经环槽 D 和 E 进入回油管道流回储油罐。转向动力缸因左

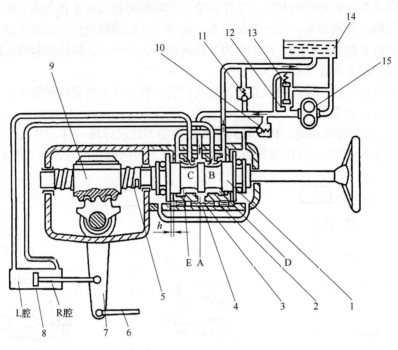

a) 转向系统的组成

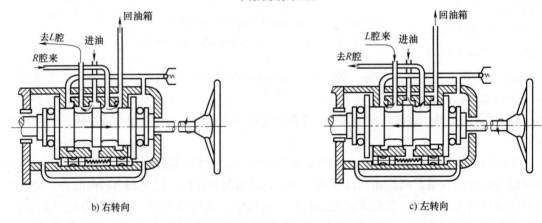

b) 右转向　　　　　　　　　　　　　　　　c) 左转向

图 6-6　液压常流滑阀式动力转向系统

1—滑阀　2—反作用柱塞　3—滑阀回位弹簧　4—阀体　5—转向螺杆　6—转向直拉杆　7—转向摇臂
8—转向动力缸　9—转向螺母　10—单向阀　11—安全阀　12—节流孔　13—溢流阀
14—转向储油罐　15—转向油泵　A～E—环槽

右腔油压相等而不起加力作用，整个系统处于低压状态。

　　汽车右转向时，驾驶人通过转向盘使转向螺杆 5 向右转动（逆时针）。开始时，由于车轮与地面间的摩擦阻力，转向螺母 9 暂时不动，而左旋螺纹的螺杆在螺母的推动下向右轴方向移动，带动滑阀 1 压缩弹簧向右移动，消除左端间隙 h，如图 6-6b 所示。环槽 C 与 E 之间、环槽 A 与 B 之间的油路封闭，而环槽 A 与 C 之间的油路通道增大，油泵送来的油液自环槽 A 经 C 流入转向动力缸的 L 腔，L 腔成为高压油区。R 腔油液经环槽 B、D 及回油管流回储油罐，转向动力缸的活塞右移，使转向摇臂逆时针转动，从而起加力作用。

只要转向盘和转向螺杆继续转动，加力作用就一直存在。当转向盘转过一定角度保持不动时，转向螺杆作用于转向螺母的力消失，但转向动力缸活塞仍继续右移，转向摇臂继续逆时针转动，其上端拨动转向螺母，带动转向螺杆及滑阀一起向左移动，直到滑阀恢复到中间稍偏右的位置。此时，L腔的油压仍高于R腔的油压。此压力差在转向动力缸活塞上的作用力用来克服转向轮的回正力矩，使转向轮的偏转角维持不动，这就是转向的维持过程。如果转向轮进一步偏转，则需继续转动转向盘，重复上述全部过程，具有"随动"作用。

松开转向盘，滑阀在回位弹簧和反作用柱塞上的油压作用下回到中间位置，转向动力缸停止工作。转向轮在前轮定位产生的回正力矩的作用下自动回正，通过转向螺母带动转向螺杆反向转动，使转向盘回到直线行驶位置。如果滑阀不能回到中间位置，汽车将在行驶中跑偏。左转时，原理与此相同，如图6-6c所示。

在反作用柱塞的内端、回位弹簧所在的空间，转向过程中总是与转向动力缸高压油腔相通，此油压与转向阻力成正比，作用在柱塞的内端。转向时，要使滑阀移动，驾驶人作用在转向盘上的力，不仅要克服转向器内的摩擦阻力和回位弹簧的张力，还要克服作用在柱塞上的油液压力。所以，转向阻力增大，油液压力也增大，驾驶人作用在转向盘上的力也必须增大，使驾驶人感觉到转向阻力的变化情况，这种作用就是"路感"。

如果动力转向装置失效（如油泵不运转），人力转向时，通往油泵油腔容积增大，而因无供油而产生低压，形成转向阻力。为防止该阻力的形成，在进、回油路中加有单向阀。当进油路油压小于回油路油压时，单向阀打开，回油路和进油路相通，回油进入进油腔从而消除进油腔的低压阻力。

4. 液压常流转阀式动力转向系统

以齿轮齿条式液力转向系统为例，液压常流转阀式动力转向系统，如图6-7所示，其是由转向油泵、转向动力缸和转向控制阀组成。

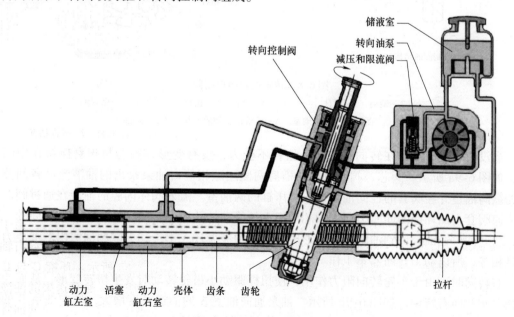

图6-7 齿轮齿条式液压常流转阀式动力转向系统

转向控制阀的构造如图6-8a所示,阀芯上部通过轴销与扭杆上部连接,阀套及小齿轮通过轴销与扭杆下部连接。由于扭杆有弹性,所以与扭杆上部相连的阀芯和扭杆下部相连的阀套可以有小的相对转动。阀芯、阀套上有轴向和径向油槽油道。当阀芯与阀套相对转动时可进行油路通断的转换,从而实现转向助力的控制。其轴向及径向油路如图6-8b、图6-8c所示。

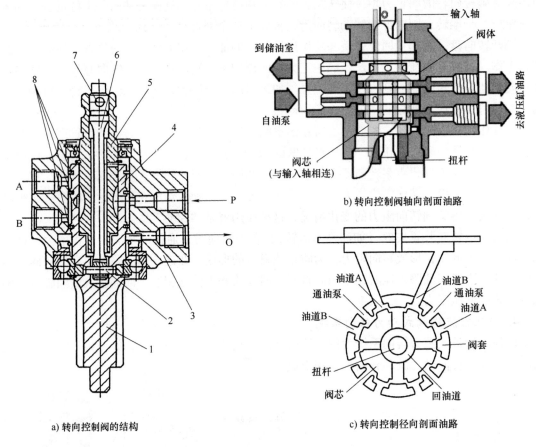

a) 转向控制阀的结构

b) 转向控制阀轴向剖面油路

c) 转向控制径向剖面油路

图6-8　转阀式转向控制阀

1—齿轮　2—轴销　3—阀体　4—阀套　5—阀芯　6—扭杆　7—轴销　8—密封圈
P—通油泵　O—通储油室　A—通液压缸油腔　B—通液压缸油腔

当没有转向力作用在转向盘上时,扭杆不受力,没有变形,阀芯与阀套保持在中间位置,如图6-9a所示。阀芯、阀套纵槽的槽肩两侧间隙相等,油泵泵出的油液流经各间隙相等的纵向油道并经阀套的径向油道进入液压缸的两油室。流入阀体内腔的油液在通过阀芯纵槽流向阀套上油环槽的同时,通过阀芯槽肩上的径向油孔流到转向螺杆和输入轴之间的空隙中,从回油口经油管回到油罐中去,形成常流式油液循环。由于动力缸两油室内的油压力很小且相等,所以动力转向器不工作。

右转向时,由于车轮转向阻力作用,使扭杆驱动小齿轮转动时发生扭转变形,从而使阀芯相对阀套向右转动,如图6-9b所示。油泵通向油室A的油道开度增大,通向油室B的油道开度关闭,同时油室A与回油道的通路关闭,油泵高压油作用于油室A中;油室B与

回油道的油路开度增大，油室 B 中的液压油回流到储油室。由于动力缸中左侧油压高于右侧油压，产生向右助力作用。左转向与此相反。

　　齿轮齿条式液力液压常流转阀式动力转向系统的随动功能及失效保护作用与滑阀式液压动力转向系统相同。

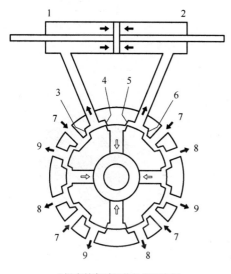
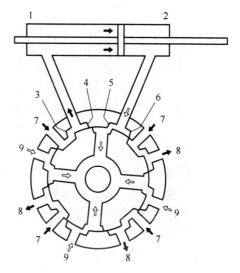

a) 没有转向时阀芯与阀套位置　　　　　　　　b) 右转向时阀芯与阀套位置

图 6-9　转阀的工作原理

1—油室 A　2—油室 B　3—油道 V_1　4—油道 V_2　5—油道 V_3　6—油道 V_4

7—油泵　8—油室 A　9—油室 B

5. 转向油泵和流量控制阀

（1）转向油泵　转向油泵是液压式动力转向装置的能源，一般由发动机驱动，其作用是将输入的机械能转换为液压能输出。转向油泵有齿轮式、叶片式、转子式和柱塞式等几种。叶片式转向油泵具有结构紧凑、输油压力脉动小、输油量均匀、动转平稳、性能稳定、使用寿命长等优点，现代汽车采用较多。

　　双作用叶片式转向油泵的结构如图 6-10 所示，驱动轴 14 上压有一个带轮并由曲轴带轮通过传动带驱动转向油泵。油泵主要由转子 27、定子 21、配油盘（19、23）、壳体 1、驱动轴 14 及组合阀（溢流阀 2 和安全阀 3）组成。转子 27 上均匀地开有 10 个径向叶片槽，槽内装有可径向滑动的矩形叶片 28，在转子的叶片槽根部制有小油腔（图 6-10 中局部放大图 B），高压油可经转子端部间隙进入小油腔，叶片在离心力和油压作用下，顶端可紧贴在定子 21 的内表面上。在转子和定子的两个侧面上各有一配油盘（19、23），由于转子的宽度稍小于定子的宽度，使两配油盘紧压在定子上。两配油盘和定子一起装在壳体内，不能移动或转动。两配油盘与定子相对的端面上各开有对称布置的环形槽，分别与进油口和出油口相连。定子内表面曲线近似于椭圆形，使转子、定子叶片和左、右配油盘之间形成若干个密封的工作室。工作室容积随转子旋转实现"由小变大、由大变小，再由小变大、由大变小"，一直循环。

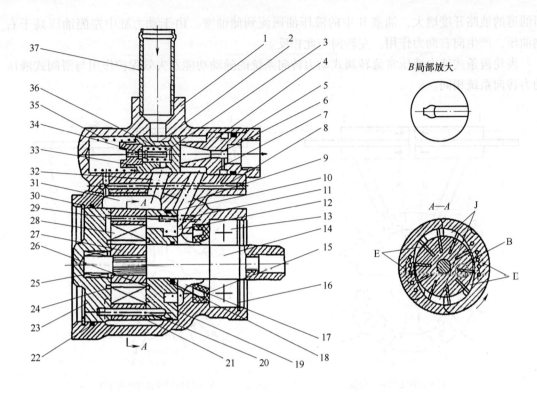

图 6-10 双作用叶片式转向油泵的结构

1—壳体 2—溢流阀 3—安全阀 4—出油管接头 5、10、18、22—O 形密封圈 6—节流孔 7—感压小孔
8—横向油道 9—出油道 11、20—定位销 12—端盖压紧弹簧 13—轴承 14—驱动轴 15—骨架油封
16—卡圈 17—隔套 19—B 叶片根部小油腔配油盘（右端盖） 21—定子 23—B 叶片根部小油腔
配油盘（左端盖） 24、26—环形油槽 25—滚针轴承 27—转子 28—叶片 29—定子轴向通孔
30—挡圈 31—进油腔 32—进油道 33—螺塞 34—钢球 35—溢流阀弹簧 36—安全阀弹簧 37—进油道
J—吸油凹槽 E—压油凹槽

双作用叶片式转向油泵的工作原理如图 6-11 所示。当发动机带动油泵逆时针旋转时，叶片在离心力的作用下紧贴在定子的内表面上，工作容积开始由小变大，从吸油口吸进油液，然后工作容积由大变小，压缩油液，经压油口向外供油。再转 180°，又完成一次吸、压油过程。

双作用式叶片泵有两个工作腔，转子每转一周，每个工作腔都各自吸、压油一次。

（2）流量控制阀（溢流阀和安全阀） 转向油泵的流量与油泵的转速成正比。如果油泵在设计时为保证在发动机怠速运转时，其流量已足够转向所需的转向动力缸活塞最大移动速度，则在发动机转速较高时，油泵流量将过大，从而导致油泵消耗功率过多且油温过高。因此，在动力转向系统必须设置流量控制阀，以限制油泵的最大流量。流量控制阀一般组装在油泵内部，其结构及工作原理如图 6-12 所示。

溢流阀用以限定转向油泵的最大输出流量。当输出油量过大时，节流孔处油液的流速很高，但该处的压力很小，此压力经横向油道传到溢流阀右侧，使节流阀左右两侧的压差增大，在压差的作用下，节流阀压缩弹簧右移，使进油道和出油道相通，部分油液在泵内循环流动，减少了出油量。安全阀用以限定转向油泵输出油液的最高压力。当输出压力过高时，这个压力传到溢流阀右侧，使安全阀左移开启，高压油流回进油腔，降低了输出油压。当这

两个阀出现弹簧过软、折断或不密封现象时，将会导致油泵油压和流量不足而出现故障。

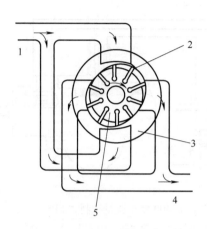

图6-11 双作用叶片式转向油泵的工作原理
1—进油口 2—叶片 3—定子 4—排油口 5—转子

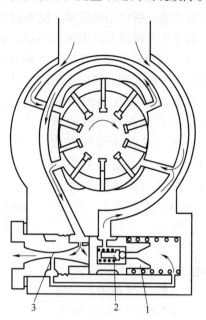

图6-12 流量控制阀的结构及工作原理
1—溢流阀活塞（溢流阀） 2—安全阀 3—节流孔

三、电控液力转向系统

汽车转向阻力与车速有关，低速时转向阻力大，高速时转向阻力小。传统液压式动力转向系统提供不了合适的转向力，即若要保证汽车在停车或低速掉头时转向轻便，那么汽车高速行驶时转向就会感到"发飘"；若要保证汽车在高速行驶时操纵有适度手感，那么当其要停车或低速掉头时就会感到转向太重，两者不能兼顾。

电子控制技术在汽车动力转向系统的应用，使汽车的驾驶性能达到了令人满意的程度。电子控制动力转向系统可以在低速行驶时使转向变轻、灵活；当汽车在中高速行驶转向时，又能保证提供最优的动力放大倍率及稳定的转向手感，从而提高了高速行驶的操纵稳定性。

电控动力转向系统（Electronic Control Power Steering，简称EPS），液压式电控动力转向系统是在传统的液压动力转向系统的基础上增设了控制液体流量的电磁阀、车速传感器和电子控制单元等，电子控制单元根据检测到的车速信号，控制电磁阀，使转向动力放大倍率实现连续可调，从而满足高、低速时转向助力的要求。根据控制方式的不同，液压式电控动力转向系统又可分为流量控制式、反力控制式和阀灵敏度控制式三种形式，见表6-1。

表6-1 液压式电控动力转向系统的类型

类型名称	控制策略	电磁阀油路接入方式
流量控制式	调控动力缸的供油量	①与转向泵并联式②与动力缸并联式
反力控制式	调控作用于反力机构上的油压	与反力机构并联
阀灵敏度控制式	调控制动力缸供油压力	与调节孔并联

1. 流量控制式EPS

流量控制式EPS是一种通过车速传感器信号调节动力转向装置供应压力油，改变压力油的输入、输出流量，以控制转向力的大小。它在原来液压动力转向功能上再增加压力油流量控制功能，所以结构简单、成本较低。但是，当流向动力转向机构的压力油降低到极限值时，对于快速转向会产生压力不足，响应较慢。

（1）雷克萨斯轿车 EPS　如图 6-13 所示，雷克萨斯轿车 EPS 系统主要由车速传感器、电磁阀、整体式动力转向控制阀、动力转向油泵和 ECU 等组成。

电磁阀安装在通向转向动力缸活塞两侧油室的油道之间，当电磁阀的阀针完全开启时，两油道就被电磁阀旁通，使动力缸活塞两侧压力差减小，助力减小；相反，则助力增大。

（2）蓝鸟轿车 EPS　蓝鸟轿车 EPS 的组成如图 6-14 所示，在一般液压动力转向系统上再增加旁通流量控制阀、车速传感器、转向角速度传感器、电子控制单元（ECU）和控制开关等。

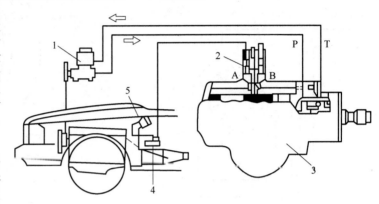

图 6-13　雷克萨斯 LS400 轿车流量控制式 EPS
1—转向油泵　2—电磁阀　3—动力转向控制阀　4—ECU　5—车速传感器

在转向油泵与转向器本体之间设有旁通管路，在旁通管路中设有旁通油量控制阀。根据车速传感器、转向角速度传感器和控制开关等信号，ECU 按照汽车的行驶状态向旁通流量控制阀发出控制信号，控制旁通流量，调整转向器供油的流量，从而调整转向助力的大小，如图 6-15 所示。

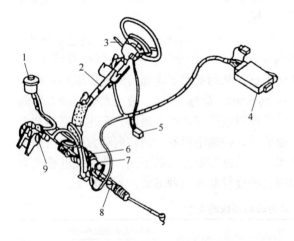

图 6-14　蓝鸟轿车 EPS 的组成
1—转向油罐　2—转向管柱　3—转向角速度传感器
4—ECU　5—转向角速度传感器增幅器
6—旁通流量控制阀　7—电磁线圈
8—转向齿轮联动机构　9—油泵

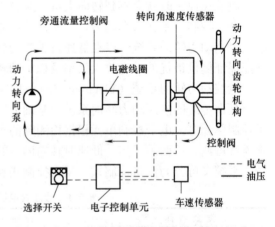

图 6-15　蓝鸟轿车 EPS 流量控制原理

2. 反力控制式 EPS

反力控制式电控液压动力转向系统（Progressive Power Steering，简称 PPS）。PPS 可按照车速的变化，由电子控制单元控制油压反力，调整动力转向器，从而使汽车在各种行驶条件下转向盘上所需的转向操纵力达到最佳状态。

（1）组成　PPS 由转向控制阀、电磁阀、分流阀、动力缸、转向油泵、转向器、车速传感器及 ECU 等组成，如图 6-16 所示。

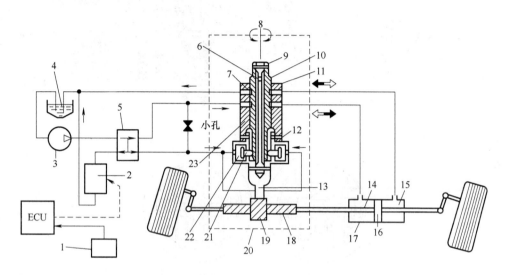

图 6-16　反力控制液压电控动力转向系统的组成

1—车速传感器　2—电磁阀　3—动力转向油泵　4—储液罐　5—分流阀　6—扭力杆　7—通道
8—转向盘　9、12—销子　10—控制阀轴　11—回转阀　13—小齿轮轴　14—左油室
15—右油室　16—动力缸活塞　17—动力缸　18—齿条　19—小齿轮
20—动力转向器总成　21—柱塞　22—油压反力室　23—转向控制阀

（2）工作原理　ECU 根据车速传感器的信号判断出车辆停止、低速状态与中高速状态，控制电磁阀通电电流，使动力转向液压系统根据车速的变化，在低速时操纵力减轻，在中速以上操纵力随车速而变化。

1）停车与低速时转向（图 6-17）。汽车在低速范围内运行时，ECU 输出一个大的电流，使电磁阀的开度增加，由分流阀分出的液流流过电磁阀，回到储油罐中的液流增加。因此，油压反力室压力减小，作用于柱塞的背压（油压反力室压力）减小，于是柱塞推动控制阀杆的力减小。柱塞推动控制阀阀芯的力（反力）较小，因此只需要较小的转向力就可使扭力杆扭转变形，使转向控制阀的阀套与阀芯产生相对转动而实现转向助力作用。

2）中高速时转向。ECU 输出电流减小，电磁阀开度减小，流入油压反力室中的液流量增加，反力增大，使得柱塞推动控制阀杆的力变大。此时，需要较大的转向力才能使转向控制阀的阀套与阀芯之间作相对转动（相当于增加了扭力杆的扭转刚度）而实现转向助力作用，因此在中高速时可使驾驶人获得良好的转向手感和转向特性。

反力控制式 EPS 具有较大的选择转向力的自由度，转向刚度大，驾驶人能感受到路面情况，可以获得稳定的操作手感；其缺点是结构复杂，且价格较高。

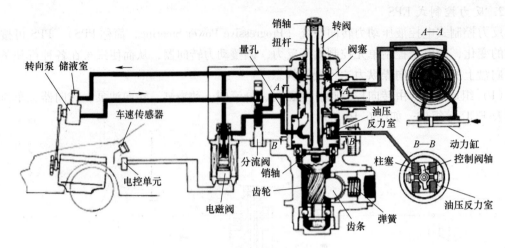

a) 系统工作原理

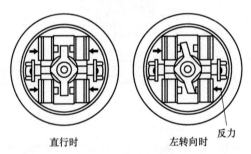

直行时　　　　　　　左转向时　　　反力

b) 反力室工作原理

图 6-17　反力控制式 EPS 系统工作原理

3. 阀灵敏度控制式 EPS

阀灵敏度控制式电控液压动力转向系统（以下简称阀灵敏度控制式 EPS）是根据车速控制电磁阀直接改变动力转向控制阀的油压增益（阀灵敏度）来控制系统油压，进而控制转向助力的大小。

（1）组成　图 6-18 所示为阀灵敏度控制式 EPS 的组成，该系统主要由转向控制阀、转向动力缸、电磁阀、转速传感器和电子控制单元等组成。

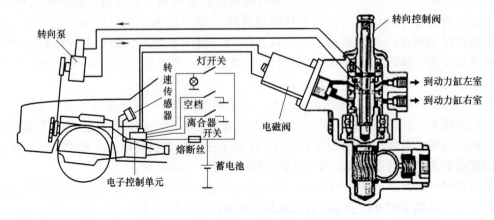

图 6-18　阀灵敏度控制式 EPS 系统示意图

（2）工作原理　阀灵敏度控制式 EPS 等效液压回路如图 6-19a 所示 1L、2L、3L、1R、2R、3R 为转阀控制的节流器。

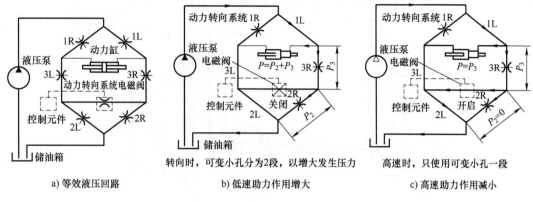

图 6-19　阀灵敏度控制 EPS 等效液压回路

1）如图 6-19b 所示，当车辆停止时，电磁阀完全关闭，如果此时向右转动转向盘，则高灵敏度低速专用小孔 1R 及 2R 在较小的转向转矩作用下即可关闭。转向油泵的高压油液经 1L 流向转向动力缸右腔室，其左腔室的油液经 3L、2L 流回储油箱，所以此时具有轻便的转向特性。而且施加在转向盘上的转向力矩越大，可变小孔 1L、2L 的开口面积越大，节流作用就越小，转向助力作用越明显。

2）如图 6-19c 所示，随着车辆行驶速度的提高，在电子控制单元的作用下，电磁阀的开度也线性增加，如果向右转动转向盘，则转向油泵的高压油液经 1L、3R 旁通电磁阀流回储油箱。此时，转向动力缸右腔室的转向助力油压就取决于旁通电磁阀和灵敏度低的高速专用可变孔 3R 的开度。车速越高，在电子控制单元的控制下，电磁阀的开度越大，旁路流量越大，转向助力作用越小；在车速不变的情况下，施加在转向盘上的转向力越小，高速专用小孔 3R 的开度越大，转向助力作用也越小。当转向力增大时，3R 的开度逐渐减小，转向助力作用也随之增大。

由此可见，阀灵敏度控制式 EPS 可使驾驶人获得非常自然的转向手感和良好的速度转向特性。

四、电子控制四轮转向系统（4WS）

汽车行驶时，四轮转向系统可以让汽车的前轮和后轮同时发生偏转。高速转向时，后轮将与前轮同向偏转，可提高转向的响应性，同时车身的角运动相对减少，乘坐舒适性好；低速转向时后轮将与前轮反向偏转，可提高在掉头行驶和停车入库等工况下的机动性。

电子控制四轮转向系统主要由转向盘、转向油泵、前动力转向器、后轮转向传动轴、车速传感器、四轮转向 ECU 和后轮转向系统组成。

1. 前轮转向机构

前轮转向器为齿轮齿条动力转向机构，其液压动力源为一双串联主泵。该系统还包括后轮动力转向机构，其液压动力源也为主泵。后轮转向轴从前轮转向齿条套管中伸出，一直延伸到后轮转向相位控制单元中，如图 6-20a 所示。

2. 后轮转向机构

后轮转向机构的主要包括后转向轴输入端、车速传感器、转向相位控制单元（确定后轮偏转的方向和角度）、动力缸及输出杆等。该机构还包括一个回中锁定弹簧，当液压系统失效时，它将后转向系统锁定在中间（直行）位置。此处还有一个电磁阀可脱开液压助力机构（当电控系统失效时，电磁阀便促动回中锁定弹簧）。

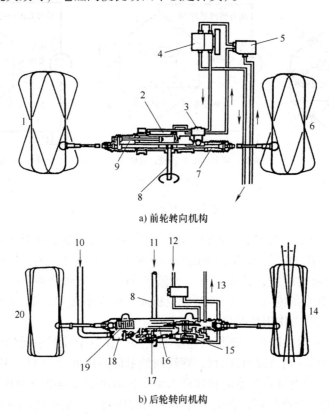

a) 前轮转向机构

b) 后轮转向机构

图 6-20　马自达轿车四轮转向机构

1—左前轮　2—前动力缸　3—前控制阀　4—油泵　5—油箱　6—右前轮　7—齿条　8—后转向轴　9—转向小齿轮轴
10—来自控制单元　11—来自前转向系统　12—来自油泵的压力油　13—回油　14—右后轮　15—后控制阀
16—输出杆　17—相位控制单元　18—步进电动机　19—回中锁定弹簧　20—左后轮

（1）相位控制系统　相位控制系统由步进电动机、扇形控制齿板、摆臂、大锥齿轮、小锥齿轮和液压控制阀连杆等组成，如图 6-21 所示。后轮转向传动轴与转向齿轮连接并输入前转向齿条的运动状态。一个前、后车轮转向角比传感器安装在扇形控制齿板旋转轴上。

（2）液压控制阀　如图 6-22 所示，液压控制阀是一滑阀结构，滑阀的位置取决于车速和前轮转向系统的转角。图中表示的为滑阀向左移动的过程，此时油泵送来的油液通过液压控制阀进入转向动力缸右腔，同时转向动力缸左腔通过液压控制阀与储油罐相通。在转向动力缸左右腔压力的作用下，动力输出杆左移，使后轮向右偏转。因为阀套与动力输出杆固定在一起，所以当动力输出杆左移时将带动阀套左移，从而改变油路通道的大小。当油压与回位弹簧及转向阻力的合力达到平衡时，动力输出杆（连同阀套）停止移动。

（3）后轮转向动力缸　后轮转向动力缸阀套将滑阀密封，阀套内含有连接相位控制系统和转向动力缸的油道。动力输出杆穿过转向动力缸活塞（动力输出杆与转向动力缸活塞固定连接），两端分别与左、右转向横拉杆连接，在转向动力缸两腔的压差作用下，动力输

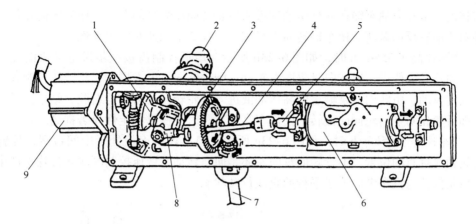

图 6-21　相位控制系统
1—扇形控制齿板　2—转向角比传感器　3—大锥齿轮　4—液压控制阀连杆　5—液压控制阀主动杆
6—液压控制阀　7—后轮转向传动轴　8—摆臂　9—步进电动机

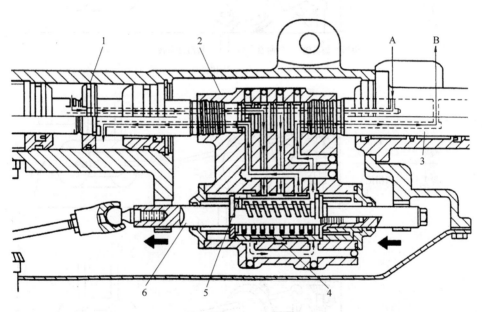

图 6-22　液压控制阀结构示意图
1—转向动力缸活塞　2—阀套　3—动力输出杆　4—滑阀　5—回油道　6—液压控制阀主动杆
A—进油口　B—回油口

出杆向左或向右移动，从而使得后轮作相应的偏转。当汽车直线行驶时，在转向动力缸两腔的回位弹簧及油压的作用下，使后轮处于直线行驶位置。此功能也使得当电子控制系统或液压回路出现故障时，后轮回到直线行驶位置，使四轮转向变成一般的两轮转向工作状态。

（4）后轮转向系统的工作原理

1）当车速低于 35km/h 时，如图 6-23a 所示。扇形控制齿板在步进电动机的控制下向负方向偏转。假设转向盘向右转动，则小锥齿轮、大锥齿轮分别向图中空白箭头所示方向转动，摆臂在扇形控制齿板和大锥齿轮的带动下最终向右上方摆动，液压控制阀输入杆和滑阀也向右移动，由转向油泵输送的高压油液进入后轮转向动力缸的左腔，使后轮向左偏转，即后轮相对于前轮反向偏转。使车辆转向半径减小，提高了低速时的机动性。

2）当车速高于35km/h时，如图6-23b所示。扇形控制齿板在步进电动机的控制下向图中正方向移动。假设这时转向盘仍向右转动，则摆臂向左上方摆动，将液压控制阀输入杆和滑阀向左拉动，由转向油泵输送的高压油液进入后轮转向动力缸的右腔，结果使后轮向右偏转，即后轮相对于前轮同向偏转，使汽车高速行驶时的操纵稳定性显著提高。

3）当车速等于35km/h时，如图6-23c所示。扇形控制齿板处于中间位置，摇臂处于与锥齿轮轴线垂直的位置。不管转向盘向左还是向右转动，液压控制阀输入杆均不产生轴向位移，后轮保持与汽车纵向轴线平行的直线行驶状态。

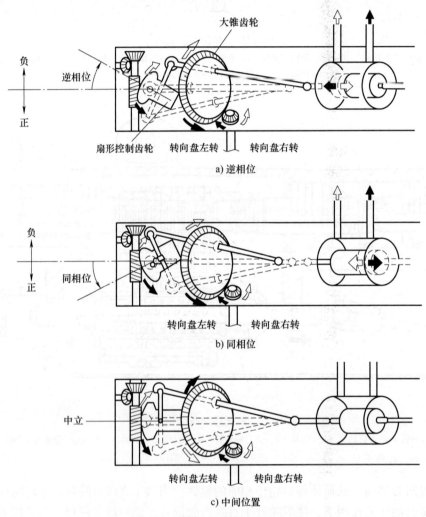

图 6-23　后轮转向系统的工作原理

3. 电子控制系统

电子控制系统由四轮转向 ECU、转角比传感器和电控油阀组成。

（1）四轮转向 ECU 的功用

1）根据车速传感器送来的电脉冲信号计算汽车的车速，再根据车速的高低计算汽车转向时前、后轮的转角比。

2）比较前、后轮理论转角比与当时的前、后轮实际转角比，并向步进电动机发出正转或反转及转角大小的运转指令。另外，还监视控制四轮转向电控系统工作是否正常。

当发现四轮转向机构工作出现异常时，点亮警告信号灯，并断开电控油阀的电源，使四轮转向处于两轮转向状态。

（2）转角比传感器　转角比传感器的功用是检测相位控制系统中的扇形控制齿板的转角位置，并将检测出的信号反馈给四轮转向 ECU，作为监督和控制信号使用。

（3）电控油阀的功用　电控油阀的功用是控制由转向油泵输向后轮转向动力缸油路的通断。当液压回路或电子控制电路出现故障时，电控油阀就切断由转向油泵通向液压控制阀的油液通道，使四轮转向装置处于一般两轮转向工作状态，起到失效保护的作用。

根据车速和驾驶人的转向动作，电子控制四轮转向系统调整后轮的偏转角及偏转方向。这一速度传感系统使车辆动态特性在任一车速时均处于最佳状态，从而提高了车辆操纵稳定性和在一定范围内的机动能力。

【技能训练】

一、液压动力转向系统的常见故障现象与故障原因

液压动力转向系统的常见故障现象与故障原因详见表 6-2。

表 6-2　液压动力转向系统的常见故障现象与故障原因

故 障 现 象	故 障 原 因
转向沉重 汽车在行驶中突然感到转向沉重费力	主要原因是系统油压不足。 1）储油罐液面高度低于规定要求。 2）液压回路中渗入了空气。 3）转向油泵驱动带过松、过滑。 4）各油管接头处密封不良，有泄漏现象。 5）油路堵塞或滤油器污物太多。 6）转向油泵磨损、内部泄漏严重。 7）转向油泵安全阀、溢流阀泄漏、弹簧弹力减弱或调整不当。 8）转向动力缸或转向控制阀密封不良、损坏
异响 汽车转向时，转向系统有噪声	1）储油罐中液面太低，转向油泵在工作时容易渗入空气。 2）液压系统中渗入空气。 3）储油罐滤网堵塞或液压回路中有过多的沉积物。 4）油管接头松动或油管破裂。 5）转向油泵严重磨损或损坏。 6）转向控制阀性能不良
左右转向轻重不同 汽车行驶时，向左向右转向操纵力不相等	1）转向控制阀阀芯（或滑阀）偏离中间位置或虽然在中间位置，但与阀体槽肩的缝隙大小不一致。 2）控制阀内有污物阻滞，使左、右转动阻力不同。 3）液压系统中转向动力缸的某一油腔渗入空气。 4）油路漏损

（续）

故 障 现 象	故 障 原 因
转向盘发飘或跑偏 汽车直线行驶时，难以保持直线前行而总向一边跑偏	1）油液脏污、转向控制阀回位弹簧折断或变软，使转向控制阀不能及时回位。 2）转向控制阀阀芯（或滑阀）偏离中间位置或虽然在中间位置，但与阀体槽肩的缝隙大小不一致。 3）流量控制阀卡滞，使转向油泵流量过大；或者油压管路布置不合理，造成油压系统管路节流损失过大，使动力缸左、右腔压力差过大
转向盘发抖 发动机工作时转向，尤其是在原地转向时滑阀共振，转向盘抖动	1）储油罐液面低。 2）油路中渗入空气。 3）转向油泵传动带打滑。 4）转向油泵输出压力不足。 5）转向油泵流量控制阀卡滞
转向盘回正不良 汽车完成转向后，转向盘不能回到中间行驶位置（直线行驶位置）	1）转向油泵输出油压低。 2）液压回路中渗入空气。 3）回油软管扭曲阻塞。 4）转向控制阀或转向动力缸发卡。 5）转向控制阀定中不良

二、转向油液的更换

（1）放油

1）支起汽车前部，使两前轮离开地面。

2）拧下转向储油罐盖，拆下转向油泵回油管，然后将转向油放入容器内。

3）发动机怠速运转，在放转向油的同时，左、右转动转向盘。

（2）加油与排气

1）向转向储油罐内加注符合规定的转向油。

2）使发动机停止工作，支起汽车前部，并用支架支撑，连续从左到右转动转向盘若干次，将转向系统中多余的空气排出。

3）检查转向储油罐中油面高度，视需要加至"Max"标记处。

4）降下汽车前部，起动发动机并怠速运转，连续转动转向盘，注意油面高度的变化，当油面下降时不断加注转向油，直到油面停留在"Max"处，并在转动转向盘后，储油罐中不再出现气泡为止。

三、转向油泵传动带张紧力的检查与调整

1. 检查

用规定压力挤压传动带中部，检查传动带的弯曲挠度是否符合规定，若不符合规定，应进行调整。如果传动带张紧力不足，则传动带与带轮之间要产生滑动，使油压下降，导致转向沉重；而传动带张紧力过大，则易导致转向油泵轴承损坏。

2. 调整

1）松开转向油泵支架上的后固定螺栓，如图6-24所示。

2）松开张紧螺栓的螺母，如图6-25所示。

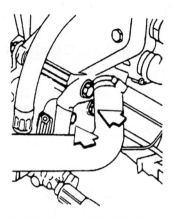

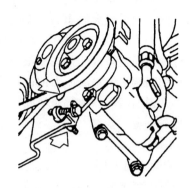

图 6-24　开后固定螺栓　　　　　　　　　图 6-25　松开张紧螺栓的螺母

3）通过张紧螺栓把传动带绷紧，如图 6-26 所示。当用手以约 100N 的力从传动带的中间位置按下时，传动带约有 10mm 挠度为宜。

4）拧紧张紧螺栓的螺母，然后拧紧转向油泵支架上的固定螺栓。

四、动力转向系统油压的检查

如图 6-27 所示，在发动机下面放好集油盘，在泵端或转向器端（最方便处）拆下与转向油泵 2 相连的高压油管，把压力表 3 连接到压力软管上，压力表 3 另一端通过软管连接到转向器 5 上，把检测阀 4 接在转向油泵 2 与转向器 5 之间，逆时针转动检测阀 4 使其完全开启。起动发动机，使液压油达到正常工作温度。以桑塔纳 2000 型轿车为例，在发动机怠速运转条件下，测量到的压力应小于 862kPa。若压力高于 862kPa，应检查软管是否有堵塞。初始压力应为 345～552kPa，否则需要维修。检测转向油泵 2 的最大输出压力和流量控制阀的工作状况：完全关闭检测阀 4，然后迅速打开，此过程重复进行 3 次，每次关闭检测阀时间不能超过 5s，否则将损坏转向油泵。记录下每次检测阀关闭时压力表指示的最高压力。

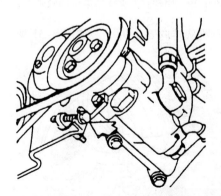

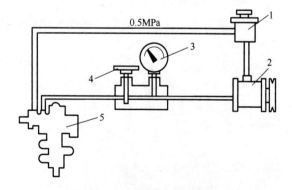

图 6-26　张紧传动带　　　　　　　图 6-27　动力转向系统油压的检查

1—储油罐　2—转向油泵　3—压力表

4—检测阀　5—转向器

比较这些压力值，若 3 次压力指示值变化范围在 345kPa 以内，则说明转向油泵工作正常。最高压力应为（1000±345）kPa。若最高压力超出了限制范围且 3 次压力指示值变化范围超出 345kPa，则说明流量控制阀工作不正常。卸下并清洗流量控制阀，用细砂纸打磨。若系统被污染，则冲洗整个系统。

若压力值低于规定最大值 30%，则表明转向油泵 2 有故障，应更换转向油泵。若转向油泵工作正常，则可检测转向器是否有泄漏。检测方法是：开启检测阀 4，转动转向盘到左、右极限位置，强迫转向油泵在极限位置工作，分别记录在左、右极限位置时的最高压力值。用此值与前面测量的最高压力值进行比较，若在任何一极限位置不能达到转向油泵最高输出压力值，则说明转向器内部有泄漏，应对转向器进行解体修理。

五、液压转向器的拆装

（1）拆卸

1）将车辆朝正前方停放，固定转向盘。拆下地板护罩，拆下转向轴装配螺栓和螺母，在轴和套上做好安装记号，拆下万向节，将万向节从转向机构中拉出，如图 6-28 所示。

2）用软管夹夹住通向蓄液罐的软管（图 6-29），用软管夹夹住通向油泵的软管（图 6-30），拆下隔音垫。

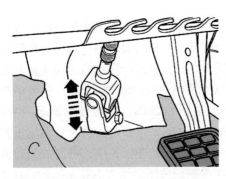

图 6-28　拆卸转向轴与转向机的连接

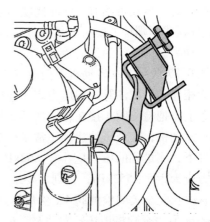

图 6-29　用软管夹夹住蓄液罐的软管

3）将放液盘置于车下，将调整杆端头用球铰拉力器从转向臂上拆下，如图 6-31 所示。

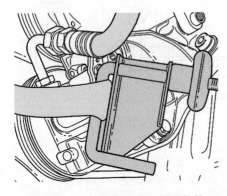

图 6-30　用软管夹夹住油泵的软管

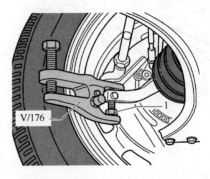

图 6-31　将横拉杆上的球头连接从转向臂上拆下

4）拆下转向机软管，用塑料堵和粘结带密封好，如图 6-32 所示。只有先降下副车架后才可松开回油管。用塑料密封堵密封好动力转向泵螺纹孔。拔下转向机上的电气连接插头。

5）拧下副架车架连接的六角头螺栓 1 和 2，如图 6-33 所示。

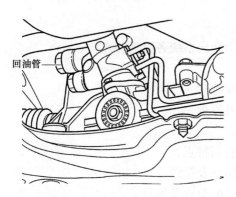

回油管

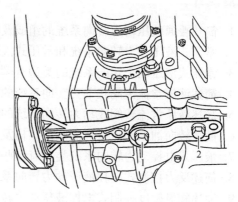

图 6-32　拆下转向机上的连接软管并密封接口　　　　图 6-33　拆卸副连架的连接

6）用变速器千斤顶支好副车架。拆下六角头螺栓 1，松开六角头螺栓 2 和 3，如图 6-34 所示。

7）用变速器千斤顶降下副车架。拆下回油管卡夹 1，松开转向机 2 处连接，如图 6-35 所示。

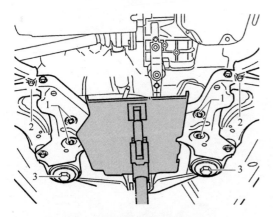
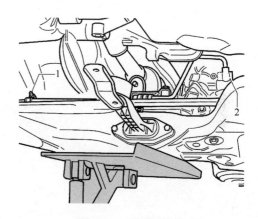

图 6-34　用变速器托架支撑副车架拆卸　　　　图 6-35　取下转向机
　　　　　副车架及转向机的连接螺钉

8）拆下转向机螺栓，从后部取下转向机。

（2）安装

安装顺序与拆卸顺序相反。需要注意以下事项：

1）使用新的软管连接密封环。

2）安装转向机前，在转向机密封上涂一层淡脂皂液。

3）将转向机按装配记号装到万向节轴上后，确保密封靠紧安装盘，并且没有扭曲现象，驾驶室的转向轴伸出处要密封好，不然将产生噪声\水分侵入。

4）确保密封面清洁。

5）回油管和助力泵之间必须有约 10mm 的间隙。

6）各螺栓按规定力矩拧紧。

【课后测评】

1. 简述普通液压动力转向系统的组成及原理。
2. 常流式液压动力转向系统和常压式液压动力转向系统各有何特点？
3. 常流式液压动力转向系统的类型有哪些？
4. 简述液压常流滑阀式动力转向系统的组成及原理。
5. 简述液压常流转阀式动力转向系统的组成及原理。
6. 简述转向油泵和流量控制阀的结构及原理。
7. 液压式电控动力转向系统类型有哪些？各有何特点？
8. 简述反力控制式电控液压动力转向系统的组成及原理。
9. 简述阀灵敏度控制式电控液压动力转向系统的组成及原理。
10. 电子控制四轮转向系统的主要组成有哪些？
11. 简述液压动力转向系统的常见故障现象与故障原因。
12. 如何检查动力转向系统油压？

项目七

电动动力转向系统的检修

【项目目标】

1. 掌握电动动力转向系统的类型。
2. 掌握电动动力转向系统的组成及原理。
3. 能够对电动动力转向系统故障进行诊断与排除。

【知识准备】

电动动力转向系统的结构如图7-1所示。

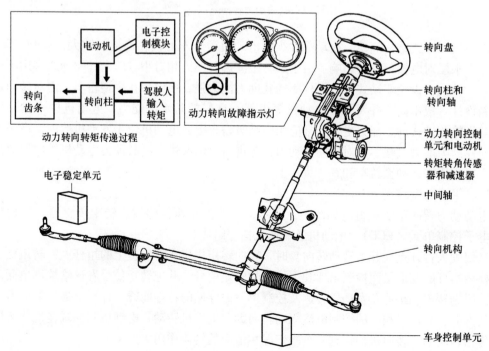

图7-1 电动动力转向系统的结构

电动动力转向系统能根据不同的情况产生适合各种车速的动力转向，不受发动机停止运转的影响。在停车时，驾驶人也可获得最大的转向动力；汽车在行驶时，电子控制装置可调整电动机的助力以改善路感。其特点是：零部件少、重量轻（电动动力转向系统的重量比液压式转向系统轻约 25%）；设计紧凑，所占空间较小；由于该动力转向装置不是由发动机直接驱动，电动机只是在转向时才接通，故可节省燃油。总之，电动动力转向系统有许多优点，相比液压式动力转向系统更轻便、紧凑、可靠。对控制计算机编程，可提供不同程度的动力转向，而它能与汽车上其他电气设备相连接，有助于四轮转向的实现，并能促进悬架系统的发展。

一、分类

电动动力转向系统按电动机的布置方式分为：转向柱驱动式、转向器齿轮驱动式、双齿轮驱动式和齿条驱动式四种类型，如图 7-2 所示。

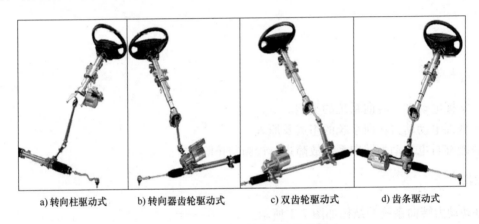

a) 转向柱驱动式　　b) 转向器齿轮驱动式　　c) 双齿轮驱动式　　d) 齿条驱动式

图 7-2　电动动力转向系统的类型

转向柱驱动式结构简单，改动部件少，电动机位于车舱内，离地间隙大，有利于降温，不用考虑水浸对电器部件的影响。由于助力距离远，助力相对小，转向柱驱动式多用于中小型轿车。转向器齿轮驱动式比转向柱驱动式助力能力强，多应用在中型轿车，需对转向器结构重新设计，成本高，并要保证电动机等电器有良好的防水浸能力，电动机位于发动机舱内。双齿轮驱动式助力能力更好，常应用中高级轿车上，电动机位于发动机舱内。齿条驱动式转向柱助力能力最强，需对转向器动力缸等进行大的改进，同时助力电动机等电器要防水浸，主要应用于运动型轿车和客、货车上。

二、组成及原理

电动动力转向系统的组成如图 7-3 所示，主要由车速传感器、转矩传感器、转角传感器、电子控制单元（ECU）、电动机及减速机构等组成。

当驾驶人打开点火开关转动转向盘时，转向转矩作用在转向柱上的扭杆上，转矩传感器通过检测扭杆的变形量而检测出驾驶人作用的转矩信号，并把转矩信号发送给控制单元。控制单元根据转矩、车速及发动机转速及控制单元内存储的特性曲线，计算出最佳的助力力矩大小及方向，并输出相应的控制电流驱动转向助力电动机转动，电动机驱动减速机构将助力力矩传给转向轴，转向机构得到一个与工况相适应的转向作用力。

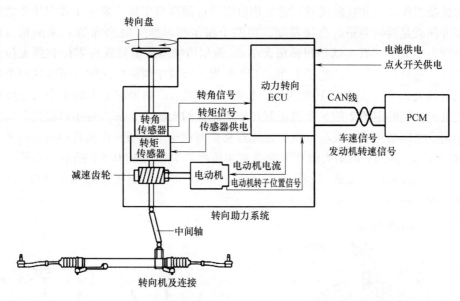

图 7-3　电动动力转向系统的组成

三、系统部件

1. 转矩传感器

用于检测转向转矩和转动方向，并把检测结果传送给电子控制单元，电子控制单元以此计算电动机的供电电流并控制电动机的转向，用于转向助力的控制，安装于转向分配阀的输入轴上方。转矩传感器的类型有涡流式、霍尔式和光电式。

转矩传感器是通过检测扭杆的扭转变形（扭转变形角）来检测转矩的大小。

（1）涡流式（电感式）　其组成如图 7-4 所示，扭杆用于连接输入轴和输出轴，输出轴上花键凸起部分由磁性物质制成，输入轴套为非磁性材料的导体，上有两排窗口，套在输出轴外侧，当有转矩作用与输入轴时，窗口与花键凸起部分可以相对转动。在轴套外窗口的对应位置处有两个通有高频交流电的线圈，线圈的输出电路与电路板连接。这种传感器是非接触式转矩传感器。

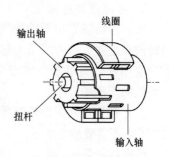

图 7-4　涡流式传感器

其工作原理是：当转动转向盘时，连接输入和输出轴的扭杆产生扭曲，使得输入和输出轴相对转动，从而输入轴的窗口和输出轴的凸起位置相对变化，输入轴和输出轴之间的磁场发生变化，引起两高频线圈的电场变化，线圈把这一电场变化转变成电信号传送给电路板，经电路板电路进一步处理后送给电子控制单元。

（2）霍尔式　如图 7-5 所示，在转向力矩传感器上，转向输入轴和转向机构主动齿轮是通过一根扭力杆连接起来的。转向输入轴上有 16 个极环形磁铁（8 个极对），该磁铁与转向输入轴一同转动。转向机构主动齿轮上有两个定子，每个定子有 8 个齿，定子与转向机构主动齿轮一同转动。在初始位置时，定子上的这些齿正好位于环形磁铁上相应的南极和北极之间。霍尔传感器与壳体刚性连接，不随着转动。

该传感器工作时是非接触式的，它采用磁阻效应原理来工作。定子1和定子2之间磁通量强度和方向就是转向力矩的直接量度，由两个霍尔传感器（冗余布置）来测量。根据所施加的转向力矩大小（其实就是扭转角大小），霍尔传感器的信号就在零位和最大位置之间变动。转矩传感器在零位时，定子1和定子2的齿正好位于两磁极之间。所以这两个霍尔传感器输出电压为2.5V，这表示转矩为零，如图7-6a所示。如果定子1的8个齿正好在环形磁铁的北极上，同时定子2的8个齿正好在环形磁铁的南极上，那么传感器就是在最大位置上。两个定子之间会建立起磁场，霍尔传感器会侦测到这个磁场并将其转换成电信号。如果霍尔传感器A输出4.5V的最大电压，那么霍尔传感器B就输出0.5V的最小电压。如果转向盘转动方向与此相反，那么霍尔传感器A输出0.5V电压，而霍尔传感器B输出4.5V电压，如图7-6b所示。

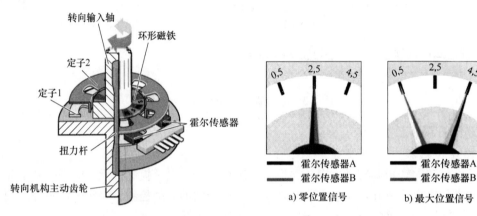

图 7-5　霍尔式传感器的结构　　　　图 7-6　传感器电压信号

2. 转向角传感器

转向角传感器用于检测汽车转向时转向盘的"旋转角度"和"方向"。它安装在转向柱与转向盘之间，该传感器不起转向助力作用，用于转向盘的直线校正和自动回位等。该传感器常应用于带有电子稳定程序系统（ESP）、主动前转向（AFS）和自适应前照灯（AFL）等系统的车辆中。

（1）磁阻型转向角传感器　该传感器根据游标原理制成，它在刚开始时就可以确定转角的大小，不需要静态电流。其结构如图7-7所示，主要由三个齿轮组成，中心齿轮装于转向柱上，代表转向角 φ，两个小齿轮相差1或2个齿，每个小齿轮上有一个磁铁，磁铁附近有感应传感器记录磁铁转动圈数。两齿轮由于齿数不同，一个齿轮比另一个转得快。两个齿轮测量角度值的信号特点如图7-8所示。这种传感器可记录多达4圈的转向盘转角。

（2）光电式转向角传感器　光电式转向角传感器的基本组件如图7-9a所示，转向角传感器主要由编码盘（编码盘与转向盘一起转动）和光电耦合对（每个光电耦合对由一个光源和一个光敏传感器）组成。编码盘有

图 7-7　磁阻型转向角传感器

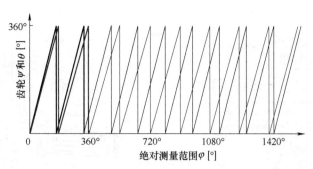

图 7-8 磁阻型转向角传感器信号相位

两个环，外侧的叫绝对环，内侧的叫相对环。相对环分成 5 个扇区，每个扇区为 72°，由光电耦合对来读取。该环的扇区上都穿有孔，同一块扇区上的这些孔的间距是相同的，但是不同扇区上的孔距是不同的，这就形成了扇区编码。绝对环确定角度，角度由 6 组光电耦合对来读取。该转向角传感器可以识别 1044° 的转向角。它会把角度值加在一起，因此在超过了 360° 标记时，它就会识别出转向盘转一整圈了。该转向角传感器的结构如图 7-9b 所示。

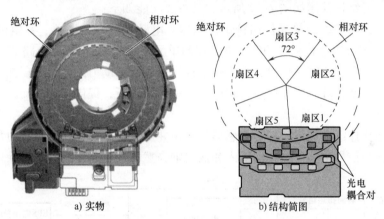

图 7-9 光电式转向角传感器

3. 转向助力电动机

奥迪轿车电动机械式助力转向电动机为例，其为三相永磁式无刷直流电动机，如图 7-10 所示，其内有转子和定子组成。转子是一个 6 极环形稀土磁铁，6 极环形磁铁的磁向采用斜向布置，可提高工作平稳性。稀土磁铁的转子磁场强度高、电动机效率高、体积小。定子由 9 个线圈和 9 个片组构成。电机轴附近有电子转子位置传感器，用于检测转子位置，便于电控单元对定子磁场相位控制。

4. 减速机构

减速机构的作用是降低转向助力电动机的转速，并增加转矩传给转向系统。其结构根据转向助力电动机的布置形式有所不同，转向柱助力式常用蜗轮蜗杆式的减速机构，其结构如图 7-11 所示。减速器的蜗杆与电动机轴连接，蜗轮与转向轴连接，助力电动机产生的转矩

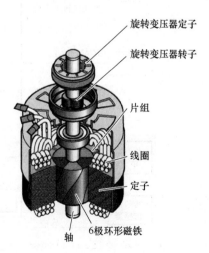

图 7-10 转向助力电动机

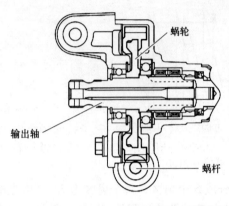
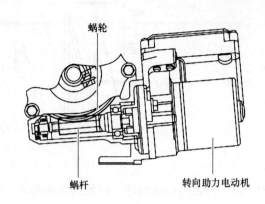

图 7-11　蜗轮蜗杆减速机构

经蜗杆蜗轮减速增矩后传给转向柱。

5. 电子控制单元

电子控制单元结构简图如图 7-12 所示，其主要功能如下：

动力转向系统电子控制单元使用转矩传感器、电动机转动传感器、蓄电池电压电路和 CAN 数据电路的组合来执行系统功能。电子控制单元将通过 CAN 数据电路监测来自发动机控制模块的车速和发动机转速信息，以确定车辆转向所需辅助力的大小。在低速情况下，提供较大的辅助力以便在驻车操作中进行转向。在高速情况下，提供较小的辅助力以便提高路感和方向稳定性。

电子控制单元连续监测数字转矩传感器的转矩并定位电流信号。随着转向盘转动和转向轴扭转，通过转矩信号电路监测转向输入和输出轴，然后用电子控制单元来处理，以计算转

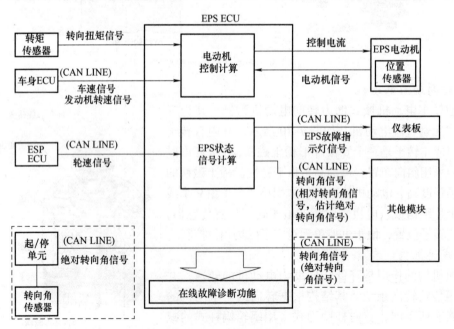

图 7-12　电子控制单元

动转矩。由电子控制单元来处理电动机位置传感器的电压信号和数字转矩传感器的定位电流信号，以检测和计算转向盘角度。

电子控制单元通过指令动力转向电动机的电流，来回应数字转矩传感器信号以及电动机转动传感器电压信号的改变。电子控制单元控制脉宽调制电动机驱动电路，以驱动三相电动机。

电子控制单元可以计算内部系统温度，以保护动力转向系统不受高温损坏。为了降低过高的系统温度，电子控制单元将减小流向动力转向电动机的指令电流，即减小转向辅助的大小。电子控制单元可以检测电子动力转向系统中的故障。检测到停用转向辅助的故障信息存储在电子控制单元中。

电子控制单元的工作模式主要有：

1）正常模式：根据转向输入信号和车速信号，提供转向助力功能。

2）返回模式：完成转向助力后，根据转向盘位置信号，自动返回直线行驶状态。

3）减振控制模式：在汽车高速行驶时，能提高路感，抑制反冲。

4）保护模式：当转向盘长时间转向到某个方向不动时，可防止电子组件过热和过电流。

6. 系统电路

图 7-13 所示为马自达轿车的电动动力转向电路图。动力转向控制单元与其他相关控制

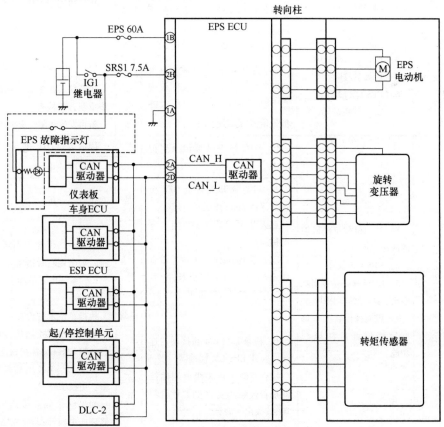

图 7-13　电动动力转向电路图

单元通过 CAN 数据线进行通信，转矩传感器、EPS 助力电动机及电动机位置传感器与电子控制单元集成于转向柱上，电源由电池直接供电和通过点火继电器供电。

【技能训练】

一、电控系统检修

电控系统的故障诊断方法主要是利用故障诊断仪读取电子控制单元内的故障码、相关的数据流及进行执行元件测试功能，并配合示波器的信号波形测试等，确定故障范围。应用万用表、试灯等检测工具依据相关电路图对故障范围内的电源、线路、元器件进行检测，从而排除故障。以马自达阿特兹轿车电动动力转向系统的故障诊断与排除为例，见表 7-1。

表 7-1　马自达阿特兹轿车电动动力转向系统的故障诊断与排除

故障现象	故障原因	故障检查		故障排除
点火开关转至 ON 位置时，电动转向装置（EPS）报警信号灯不亮	1）表组内的 EPS 报警信号灯电路有故障。 2）错误源于 EPS CM 所产生的信号为关闭信号。EPS CM 故障	使用 M-MDS（专用诊断仪）激活命令模式功能的"WL + IL"打开仪表盘的 EPS 报警信号灯。EPS 报警信号灯是否开启	亮	EPS CM 故障，更换 EPS CM
			不亮	执行仪表盘配置，然后从第 1 步重新开始检查。 若再发生故障，更换该仪表盘
即使发动机已起动，电动转向装置（EPS）报警信号灯也不熄灭	1）线束故障。 2）插接器状态故障。 3）转矩传感器的故障。 4）EPS 电动机故障。 5）熔断丝故障。 6）EPS CM 故障。 7）CAN 线束故障	1）把点火开关打在 OFF 位置并保持约 1min。点火开关切换至 ON 档（发动机起动）。 进行 DTC 检查，是否出现 DTC？	有 DTC	执行适用的 DTC 检查
			无 DTC	执行下一步
		2）使用 M-MDS 激活命令模式功能的"WL + IL"关闭仪表盘中的 EPS 报警信号灯。EPS 报警信号灯是否关闭	关闭	EPS CM 故障，更换 EPS CM。
			没关闭	执行仪表盘配置，然后从第 1）步重新开始检查。 若再发生故障，更换该仪表盘
右转向和左转向的助力有差异	1）转向机和拉杆机构的故障。 2）EPS CM 故障。 3）EPS CM 插接器出现连接不良，接线端损坏。 4）没有操作转向盘角度空档位置自动识别功能	1）DTC 是否已被记录到记忆中	是	用适当的 DTC 进行检查
			不是	执行下一步
		2）将点火开关转至 OFF 位置并保持 2min 或更长时间。 点火开关切换至 ON 档（发动机起动）。 以大于 10km/h 的速度，沿直线驾车行驶 10m 或更长距离。观察是否有故障重现	是	执行下一步
			不是	当在空档位置识别转向盘角度时，会出现临时错误。 EPS 系统中无故障
		3）检查 EPS CM 插接器的连接。断开 EPS CM 插接器。 检查 EPS CM 和线束侧插接器是否连接不良（例如针脚损坏/被拔出、腐蚀）。所有针脚是否都正常	正常	执行车轮定位检查
			不正常	如果 EPS CM 插接器的连接不良：将 EPS CM 插接器连接牢固。 如果 EPS CM 侧插接器出现故障：更换 EPS CM。 如果线束侧插接器出现故障：修理或更换针脚和/或插接器。 再次检查故障症状，然后更换转向机和拉杆机构

二、马自达阿特兹轿车电动动力转向系统电动机的拆装

马自达阿特兹轿车电动动力转向系统电动机分解图如图 7-14 所示。

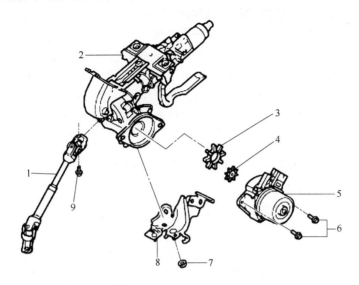

图 7-14　马自达阿特兹轿车电动动力转向系统电动机分解图

1—中间轴　2—转向柱　3—橡胶　4—垫片　5—电机和 EPS 控制器
6—螺栓　7—螺母　8—线束支架　9—接头螺栓

（1）拆卸

1）断开转矩传感器插接器（EPS CM 侧）。

2）拆下 EPS CM。

（2）安装

1）将隔套和橡胶垫安装至转向柱。

2）安装 EPS CM，这样 EPS CM（转子）的突出位置就和橡胶垫的凹槽位置接合到一起，如图 7-15 所示。

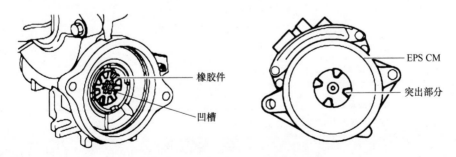

图 7-15　转向的突出位置和凹槽位置对齐

【课后测评】

1. 电动动力转向系统类型有哪些？

2. 简述电动动力转向系统的组成及原理。

3. 简述涡流式转矩传感器的结构及原理。

4. 简述霍尔式转矩传感器的结构及原理。

5. 简述磁阻型转向角传感器的结构及原理。

6. 简述电动动力转向系统电子控制单元的功能。

7. 简述马自达阿特兹轿车电动动力转向系统的故障诊断与排除方法。

项目八

制动系统的检修

【项目目标】

1. 掌握制动系统的组成及原理。
2. 掌握制动器的类型及原理。
3. 掌握制动力分配调节装置的结构及原理。
4. 能够对液压制动系统的故障进行诊断与排除。

【知识准备】

一、概述

汽车以一定的车速行驶时具有一定的动能。随着汽车行驶速度的不断提高，要使行驶中的汽车减速或停车，就必须强制地对汽车施加一个与汽车行驶方向相反的力，这个力叫做制动力。汽车制动系统就是产生制动力的装置。

1. 制动系统的工作原理

汽车制动系统一般采用摩擦制动，车轮制动器利用摩擦制动车轮，轮胎与路面间的摩擦力使汽车停车。因此，制动的实质就是将汽车的动能强制地转化为其他形式的能量（通常是热能），扩散到大气环境中。

制动系统的液压传动机构主要由制动踏板、推杆、制动主缸、制动轮缸和液压管路等组成，如图 8-1 所示。制动踏板通常安装在驾驶室内，踩下踏板可使推杆的一端移动，推杆的另一端支承在制动主缸活塞上。制动主缸活塞安装在制动主缸里，可由驾驶人通过制动踏板机构来操纵。制动轮缸装在制动底板上，用液压管路与装在车架上的制动主缸相连。制动主缸、液压管路和制动轮缸里充满了制动液。

不制动时，制动鼓的内圆面和制动蹄摩擦片之间留有一定的间隙（简称制动器间隙），使制动鼓随车轮可以自由旋转，制动系统不起作用。

制动时，驾驶人踏下制动踏板，推杆便推动制动主缸活塞，使制动主缸的制动液以一定的压力经过液压管路流入制动轮缸，推动轮缸活塞移动，驱动两制动蹄的上端向外张开，从

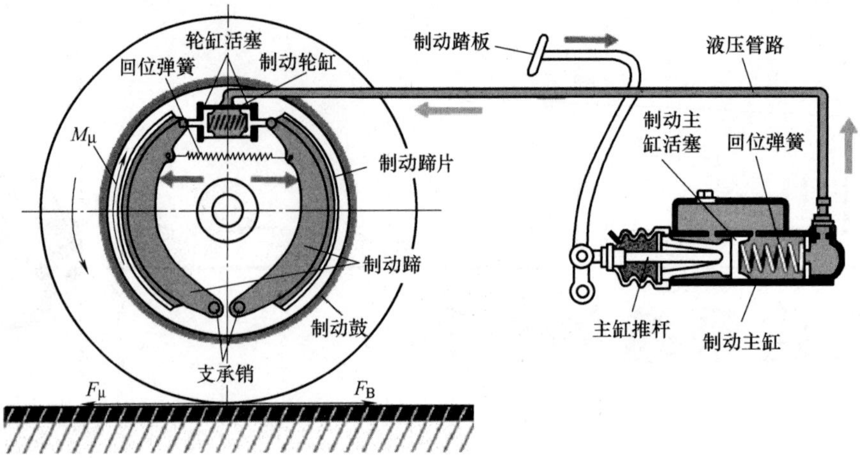

图 8-1　液压制动系统工作原理示意图

而使摩擦片压紧在制动鼓的内圆面上。此时，不旋转的制动蹄就对旋转的制动鼓产生一个摩擦力矩 M_μ，其方向与车轮旋转方向相反。制动鼓将该力矩传到车轮后，由于车轮与路面间有附着作用，车轮即对路面作用一个向前的周缘力 F_μ。与此同时，路面会给车轮一个向后的反作用力 F_B，也就是车轮的制动力。各车轮上制动力的总和就是汽车受到的总制动力。制动力由车轮经车桥和悬架传给车架及车身，迫使整个汽车产生一定的减速度。制动力越大，减速度也越大。

　　放松制动踏板时，制动蹄在回位弹簧的作用下向中央收拢，回到原位，制动鼓和制动蹄的间隙又恢复，制动力矩和制动力消失，制动作用解除。

　　2. 制动系统的组成

　　一般汽车应包括两套独立的制动系统，即行车制动系统和驻车制动系统，主要由制动器、制动管路、制动助力器、制动踏板和制动操纵机构等组成。如图 8-2 所示。行车制动系统是在汽车行驶过程中使用，由驾驶人用脚来操纵的，故又称脚制动系统，它的功用是使行驶中的汽车减速或在最短的距离内停车。而驻车制动系统是由驾驶人用手来操纵的，故又称手制动系统，它的功用是使已经停在路面上的汽车停车驻留原地不动。但是，在紧急情况下，两套制动系统可同时使用，以增加汽车的制动效果。

　　汽车制动系统各组成的功能如下。

　　1）供能装置：它为制动器提供、控制和准备必要的能量，如真空助力器等。

　　2）制动操纵机构：控制制动器工作的机构，如操纵手柄和制动踏板等。

　　3）制动传动机构：调节前、后车轮制动力的分配，将操纵力传到制动器，包括使制动器工作的组成元件和管路。

　　4）制动器：产生制动力矩，阻止车轮旋转的装置。

　　此外，许多汽车上还装有第二套制动装置，其作用是一旦行车制动装置失效，保证汽车仍能实现减速或停车。经常在山区行驶的汽车，若单靠行车制动装置来限制汽车下长坡的车速，则可能因制动器过热而导致制动效能降低，甚至完全失效，故还应增装辅助制动系统，用以在下坡时稳定车速。另外，较完善的制动系统还应具有报警装置、压力保护装置等附加

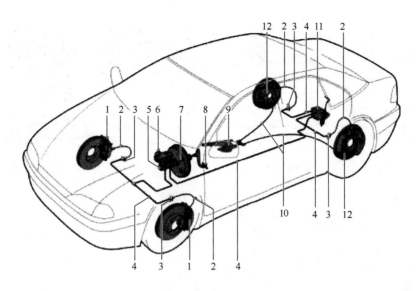

图 8-2 轿车制动系统

1—前轮制动器（盘式制动器） 2—制动软管 3—制动管路与软管接头 4—制动管路 5—主缸
6—制动液稳压罐 7—制动助力器 8—制动踏板 9—驻车制动器操纵手柄 10—驻车制动器制动拉索
11—制动力缓减器 12—后轮制动器（鼓式制动器）

装置。

3. 制动器的类型

根据旋转元件的不同，制动器可分为鼓式和盘式两大类。鼓式制动器摩擦副中的旋转元件为制动鼓，以其圆柱面为工作表面；盘式制动器摩擦副中的旋转元件为圆盘状的制动盘，以其端面为工作表面。

根据安装位置的不同，制动器可分为车轮制动器和中央制动器。旋转元件固定在车轮或半轴上的制动器称为车轮制动器；旋转元件固定在传动系统传动轴上的制动器则称为中央制动器。

二、鼓式制动器

鼓式制动器主要为内张式，张开装置（也称促动装置）可分为轮缸式（液压制动系统）和凸轮式（气压制动系统），如图 8-3 所示。

1. 轮缸式制动器

轮缸式制动器按制动蹄的受力情况不同，可分为领从蹄式、双领蹄式（单向作用、双向作用）、双从蹄式、自增力式（单向作用、双向作用）等类型，如图 8-4 所示。

（1）领从蹄式制动器

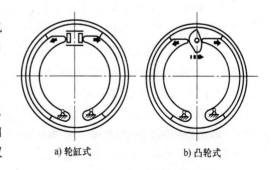

a) 轮缸式   b) 凸轮式

图 8-3 鼓式制动器促动装置的形式

1）工作原理。图 8-5 所示为领从蹄式制动器的受力示意图，制动轮缸 7 中的直径相等的两个活塞可在轮缸内轴向浮动，制动时两轮缸活塞对两制动蹄端所施加的作用力 F（也称促动力）总是相等的。

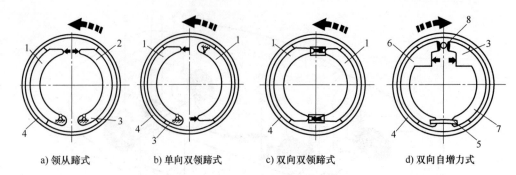

a) 领从蹄式　　　b) 单向双领蹄式　　　c) 双向双领蹄式　　　d) 双向自增力式

图 8-4　各种鼓式制动器的示意图
1—领蹄　2—从蹄　3—固定支承销　4—制动鼓　5—传力杆　6—第一制动蹄
7—第二制动蹄　8—双向支承销

　　设汽车前进时制动鼓的旋转方向如图 8-5 中箭头所示，这时制动鼓称为正向旋转。制动时，前制动蹄 1 和后制动蹄 2 在相等促动力 F 的作用下，分别绕各自的支承点 3 和 4 张开直到紧压在制动鼓 6 上。此时，旋转着的制动鼓即对两制动蹄分别作用着法向反作用力 N_1 和 N_2，以及相应的切向反力（即摩擦力）T_1 和 T_2。假定这些力的作用点和方向如图 8-5 所示，且两制动蹄上这些力分别与各自支承点 3 和 4 的支反力 S_1 和 S_2 相平衡。由图可见，前制动蹄上的力 T_1 与 F 绕其支承点所产生的力矩是同向的。所以力 T_1 作用的结果是使制动蹄 1 在制动鼓上压得更紧，这表明前制动蹄具有"增势"作用。这种张开时的转动方向与制动鼓旋转方向相同的制动蹄称为"领蹄"或"助势蹄"。与之相反，力 T_2 作用的结果是使后制动蹄有放松制动鼓的趋势，故其具有"减势"作用。这种张开时的转

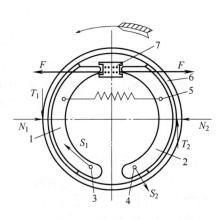

图 8-5　领从蹄式制动器的
制动蹄受力示意图
1—领蹄　2—从蹄　3、4—支承点
5—回位弹簧　6—制动鼓　7—制动轮缸

动方向与制动鼓旋转方向相反的制动蹄称为"从蹄"或"减势蹄"。显然，当汽车倒行，即制动鼓反向旋转时，前制动蹄变为从蹄，后制动蹄变为领蹄。这种在制动鼓正、反向旋转时，都有一个领蹄和一个从蹄的制动器即称为领从蹄式制动器。

　　由上可知，虽然领蹄和从蹄所受促动力相等，但受到的法向力 N_1 和 N_2 却不相等，即 $N_1 > N_2$，相应地 $T_1 > T_2$，故两制动蹄对制动鼓所施加的制动力矩也不相等。一般制动领蹄的制动力矩为从蹄的 2 ~ 2.5 倍。显然，在两制动蹄摩擦片工作面积相同的情况下，领蹄摩擦片上的单位压力较大，因而磨损较为严重。这种制动鼓所受两制动蹄法向力不能互相平衡的制动器属于非平衡式制动器。

　　2）结构。领从蹄式制动器的结构如图 8-6 所示。制动底板 13 固定在后桥壳或前桥转向节凸缘上，在制动底板的下部支承座 15 上装有两个偏心的调整螺钉，两个制动蹄 5、12 的下端有孔，套装在偏心调整螺钉上，并用锁止螺母锁止。制动底板的中部装有两制动蹄托架，以限制制动蹄的轴向位置。制动蹄上端用回位弹簧 3（制动器弹簧）拉靠在制动轮缸 1

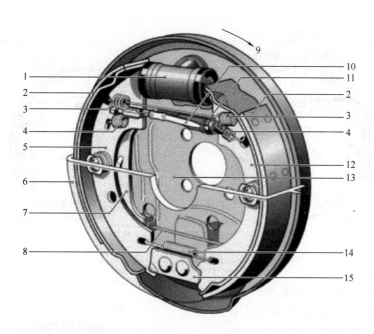

图 8-6　领从蹄式制动器的结构

1—制动轮缸　2—制动摩擦衬片　3—制动蹄弹簧　4—调整机构弹簧　5—制动从蹄　6—制动鼓
7—驻车制动杆　8—驻车制动拉索　9—制动鼓旋转方向　10—调整机构热敏元件
11—带角度杠杆的调整小齿轮　12—制动领蹄　13—制动底板
14—制动蹄弹簧　15—支承座

的顶块上。制动蹄的外圆面上，用埋头螺钉铆接着用石棉和铜丝压制成的制动摩擦衬片 2。作为制动蹄促动装置的制动轮缸也用螺钉固装在制动底板上。制动鼓固装在车轮轮毂的凸缘上，随车轮一起转动。

兼作驻车制动器的鼓式制动器可通过驻车制动拉索 8 的驻车制动杆 7 操纵。有的制动器装有热敏元件调整机构，自动调整制动器的工作间隙。

（2）自增力式制动器　自增力式制动器可分为单向自增力式和双向自增力式两种，在结构上只是制动轮缸中的活塞数目不同而已。单向自增力式制动器只在汽车前进时起自增力作用，使用单活塞制动轮缸；双向自增力式制动器在汽车前进或倒车制动时都能起自增力作用，使用双活塞制动轮缸。

自增力式制动器的增力原理如图 8-7 所示，当制动蹄接触任何旋转方向的制动鼓时，制动蹄有随制动鼓运动的趋势，直到一个制动蹄接触到支承销而另一个制动蹄被星形调节杆挡住为止。向前旋转时，第一蹄衬片和制动鼓之间的摩擦力产生一个作用在调节杆上的力，此力施加到第二蹄上。作用到第二蹄上的调节杆力是作用到第一蹄上轮缸输入力的很多倍。调节杆作用到第二蹄上的力又被第二蹄衬片与旋转鼓之间的摩擦力增大，所以这些合力都由固定销承担。在正常的前进制动中，第二蹄衬片产生的摩擦力大于第一蹄衬片产生的摩擦力。因而，第二蹄制动衬片通常更厚且有更大的表面积。当倒车时，制动车辆过程中第一、第二蹄衬片作用相反。

双向自增力制动器结构如图 8-8 所示。制动蹄的上端有弧形凹面，用前后蹄回位弹簧 2

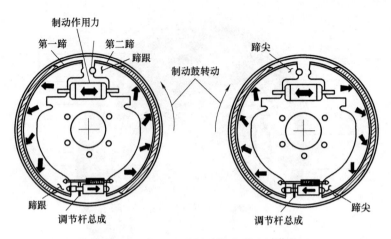

图 8-7　自增力式制动器的增力原理

和 8 将制动蹄的上端拉靠在支承销上，两制动蹄的下端由拉紧弹簧拉靠在驻车制动杆控制卡簧 7 两端直槽的底平面上。驻车制动杆控制卡簧是浮动的。制动轮缸处于支承销稍下的位置。由拉索13、拉索导板 9、调节杠杆（棘爪）14、调整棘轮（星形轮）16、调节杠杆17、调节杠杆回位弹簧 18 构成了制动间隙自动调节机构。如果鼓式制动器为轿车的后轮，还有驻车制动杠杆 12、驻车制动支杆 5、驻车制动拉索 13 及回位弹簧 15 等组成的驻车制动机构。

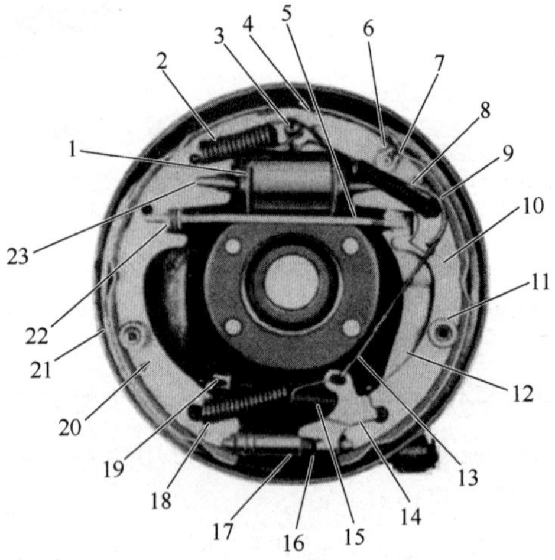

（3）驻车制动器　图 8-9 所示为一典型的后鼓式车轮制动器驻车制动器的结构，制动拉索及其套管穿过制动底板后连接到驻车制动杠杆，驻车制动杠杆与第二制动蹄或从蹄上端通过销轴铰接，通过支杆与第一制动蹄或领蹄连接。

当施加驻车制动时，驻车制动杠杆和支杆各推动制动蹄从支承销移开而压向制动鼓，当制动拉索释放制动时，在回位弹簧作用下制动蹄返回非制动位置。

2. 凸轮式制动器

图 8-10 所示的为东风 EQ1090E 型汽车的前轮制动器所采用的凸轮制动器。工作表面对称的制动凸轮轴 4 与凸轮轴制成一体。制动蹄 2 在不制动时由回位弹簧 3 拉靠在制动凸轮

图 8-8　双向自增力制动器结构

1—制动轮缸　2—第一制动蹄回位弹簧　3—支承销　4—支承销夹板　5—驻车制动支杆　6—垫片　7—驻车制动杆控制卡簧　8—第二制动蹄回位弹簧　9—拉索导板　10—第二制动蹄　11—制动压簧总成　12—驻车制动杠杆　13—拉索　14—调节杠杆（棘爪）　15—驻车制动拉索及回位弹簧　16—调整棘轮（星形轮）　17—调节杠杆　18—调节杠杆回位弹簧　19—驻车拉索套止动器　20—第二制动蹄　21—制动鼓　22—连杆弹簧　23—轮缸连杆

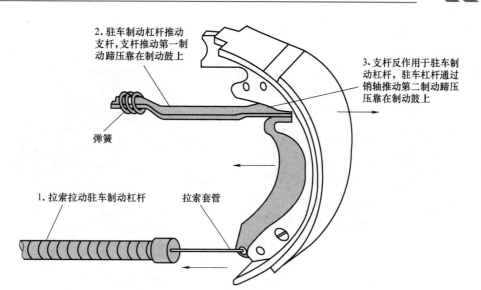

2. 驻车制动杠杆推动支杆,支杆推动第一制动蹄压靠在制动鼓上

3. 支杆反作用于驻车制动杠杆,驻车杠杆通过销轴推动第二制动蹄压靠在制动鼓上

弹簧

1. 拉索拉动驻车制动杠杆　　拉索套管

图 8-9　后鼓式车轮制动器的驻车制动器

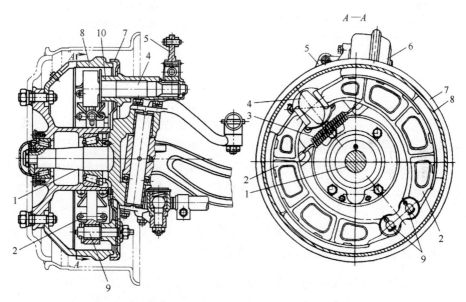

图 8-10　东风 EQ1090E 型汽车的前轮制动器(凸轮制动器)

1—转向节轴颈　2—制动蹄　3—回位弹簧　4—制动凸轮轴　5—制动调整臂　6—制动气室
7—制动底板　8—制动鼓　9—支承销　10—制动凸轮轴支座

上。制动凸轮轴通过制动凸轮轴支座 10 固定在制动底板 7 上,其尾部花键轴插入制动调整臂 5 的花键孔中。

制动时,制动调整臂 5 在充气制动气室 6 的推动下,带动制动凸轮轴转动,推动两制动蹄压靠在制动鼓 8 上。制动时摩擦力作用使领蹄试图压紧制动鼓,从蹄试图离开制动鼓,由于凸轮中心位置不动,所以凸轮对从蹄的压紧力大于对领蹄的压紧力。

三、盘式制动器

1. 盘式行车制动器

盘式行车制动器根据其固定元件的结构形式可分为钳盘式和全盘式两种。

钳盘式制动器按制动钳的结构形式可分为定钳盘式和浮钳盘式两种。

（1）定钳盘式制动器　图 8-11 所示为定钳盘式制动器的结构示意图。制动盘 9 固定在轮毂上，制动钳 6 固定在车桥上，既不能旋转也不能沿制动盘轴向移动。制动钳内装有两个制动轮缸活塞 3，分别压住制动盘两侧的制动块 4。当驾驶人踩下制动踏板使汽车制动时，来自制动主缸的制动液被压入制动轮缸，制动轮缸的液压上升，两轮缸活塞在液压作用下移向制动盘，将制动块压靠到制动盘上，制动块夹紧制动盘，产生阻止车轮转动的摩擦力矩，实现制动。

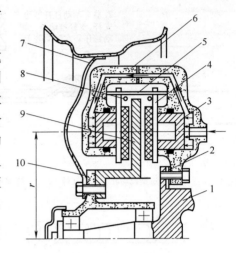

图 8-11　定钳盘式制动器的基本结构图
1—转向节或驱动桥壳　2—调整垫片　3—活塞
4—制动块　5—导向支承销　6—制动钳
7—轮盘　8—消声回位弹簧　9—制动盘
10—轮毂　r—制动盘摩擦半径

制动时，活塞上矩形橡胶密封圈的刃边在活塞摩擦力的作用下，产生弹性变形（图 8-12a），其极限变形量应等于（制动器间隙为设定值时的）完全制动所需的活塞行程。解除制动时，活塞在密封圈的弹力作用下回位，直至密封圈变形完全消失为止（图 8-12b）。此时摩擦片与制动盘之间的间隙即为设定间隙，即间隙自动调整。弹簧将制动摩擦衬片压在活塞上并帮助制动器松开。

（2）浮钳盘式制动器　浮钳盘式制动器的制动钳是浮动的，可以相对于制动盘轴向移动。图 8-13 所示为浮钳盘式制动器的结构示意图。制动钳 1 一般设计成可以相对于制动盘 4 轴向移动。在制动盘的内侧设有液压油缸 9，外侧的固定制动块 5 附装在钳体上。制动时，制动液被压入油缸中，在液压作用下活塞向左移动，推动活动制动块 6 也向左移动并压靠到制动盘上，于是制动盘给活塞一个向右的反作用力，使活塞连同制动钳体整体沿导向销 2 向右移动，直到制动盘左侧的固定制动块 5 也压到制动盘上。这时两侧制动块都压在制动盘上，制动块夹紧制动盘，产生阻止车轮转动的摩擦力矩，实现制动。

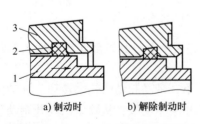

图 8-12　矩形橡胶密封圈工作情况
1—活塞　2—矩形橡胶密封圈　3—油缸

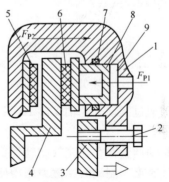

图 8-13　浮钳盘式制动器结构示意图
1—制动钳　2—导向销　3—制动钳支架　4—制动盘
5—固定制动块　6—活动制动块　7—活塞密封圈
8—活塞　9—液压油缸

2. 盘式驻车制动器

盘式驻车制动器主要有螺母螺杆式和钢球斜盘式两种。

通用汽车后轮浮动钳盘式制动器是螺杆螺母式驻车机构最常见的形式，如图8-14所示。制动钳杠杆与制动钳内的螺杆相连，螺杆与螺母配合，螺母外花键与锥形桶内花键配合，锥形桶装在浮动钳的活塞内部，活塞端面通过键与制动摩擦衬片接合。当施加驻车制动时，制动钳杠杆转动螺杆。螺母被旋出，在花键导向下移向锥形桶，螺母推动锥形桶压向活塞，当锥形桶和活塞的离合器面接合时，推动活塞伸出。由于螺母与锥形桶通过键连接，锥形桶与活塞通过离合器接合，活塞与摩擦衬片通过连接，摩擦衬片装在制动钳上，所以这些部件都不能转动，只能轴向推动活塞伸出。这样活塞推动内侧制动片压向制动盘，浮动钳受到活塞的反作用力，浮动钳带动外侧制动片压向制动盘，实施驻车动。

螺杆螺母式钳盘驻车制动器制动间隙自动调整过程：当释放制动时，摩擦衬片磨损使活塞回位后从钳孔中伸出量增大，螺母与锥形桶产生间隙，锥形桶与活塞的离合器面分离而可以自由转动，调节弹簧力作用于螺母，螺母在螺杆上受到转矩通过带动锥形桶一起转动旋出，直到锥形桶离合器面与活塞的离合器再次接合为止，螺母的旋出量等于制动衬片的磨损量。

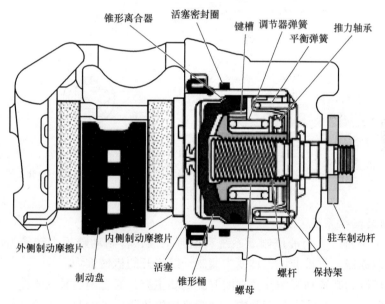

图8-14　螺母螺杆式驻车机构

四、制动操纵系统

制动操纵系统是控制制动器产生制动力的装置。制动器的操纵系统按传动装置的结构形式可分为机械式、液压式和气压式三种。机械式广泛应用于驻车制动系统，液压式和气压式则用于行车制动系统。

1. 机械式驻车制动操纵系统

驻车制动的作用是：汽车停驶后使汽车可靠停车，防止汽车溜滑；汽车在坡道起步时，协同离合器、加速踏板等使汽车顺利起步；在行车制动失效后临时使用或配合行车制动器进行紧急制动。

　　驻车制动系统必须可靠地保证汽车原地停驻，并在任何情况下不致自行滑移。而这一点只有机械锁止方法才能实现，因此驻车制动系统多采用机械传动装置。按其安装位置的不同可分为中央制动式和车轮制动式两种。车轮制动式的驻车制动器与行车制动系统共用一套制动器总成，只是传动机构相互独立。

　　机械式驻车制动系统的控制装置和传动装置主要由杠杆、拉杆、轴、摇臂等机械零件组成。

　　图 8-15 所示为红旗 CA7220 型轿车的制动系统示意图，其中驻车制动系统是机械式的，与行车制动系统共用后轮制动器。在驻车制动时，驾驶人将驻车制动操纵杆 7 向上扳起，通过一系列杆件将驻车制动操纵拉索 9 拉紧，从而对两后轮制动器进行驻车制动。此时，由于驻车制动操纵杆上棘爪的单向作用，使棘爪与棘爪齿板啮合，操纵杆不能反转，整个机械驻车制动杆系被可靠地锁止在制动位置。欲解除驻车制动，须先将驻车制动操纵杆 7 扳起少许，再压下操纵杆端头的压杆按钮，通过棘爪压杆使棘爪离开棘爪齿板，然后放松驻车制动操纵杆端按钮，使棘爪得以将整个机械驻车制动杆系锁止在解除制动的位置。

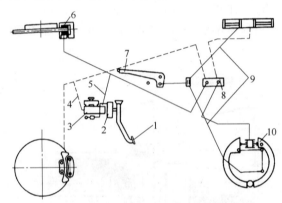

图 8-15　红旗 CA7220 型轿车的制动系统示意图

1—制动踏板　2—真空助力器　3—制动主缸　4、5—制动管路　6—盘式制动器　7—驻车制动操纵杆
8—感载比例阀　9—驻车制动操纵拉索　10—鼓式制动器

2. 液压制动操纵系统

（1）组成及原理　人力液压制动系统利用制动液，将制动踏板力转换为液压力，通过管路传到车轮制动器，再将液压力转变为使制动蹄张开的机械推力。

　　双回路液压制动系统利用相互独立的双腔制动主缸，通过两套独立管路，分别控制两桥或三桥的车轮制动器。其特点是若其中一套管路发生故障而失效时，另一套管路仍能继续起制动作用，从而提高了汽车制动的可靠性和行车安全性。

　　如图 8-16 所示，双回路液压制动系统由制动主缸（制动总泵）、液压管路、后轮鼓式制动器中的制动轮缸（制动分泵）、前轮钳盘式制动器中的液压缸等组成。制动主缸的前后腔分别与前后轮制动轮缸之间通过油管连接，并充满制动液。真空助力器以发动机进气歧管或独立安装的真空泵的真空吸力为动力源，产生一个与制动踏板同向的制动力协助人力进行制动。制动调节阀调节进入前后制动轮缸的液压大小，以使前后车轮同时制动抱死。

　　踩下行车制动踏板，制动主缸利用主缸活塞的移动将制动液压入制动轮缸，从而使轮缸活塞移动，将前轮制动器的制动块推向制动盘、后轮制动器的制动蹄推向制动鼓。在制动器间隙消失并开始产生制动力矩时，液压与制动踏板力方能继续增长直到完全制动。在此过程

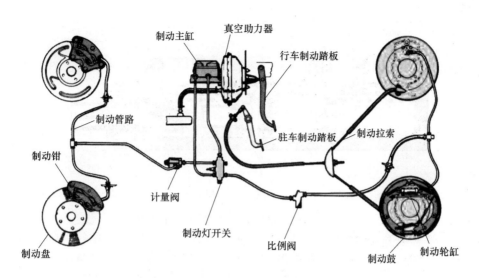

图 8-16　双回路液压制动系统的基本组成

中，由于液压作用，油管弹性膨胀变形和摩擦元件弹性压缩变形，制动踏板和轮缸活塞都可以继续移动一段距离。放开制动踏板，制动块回位、制动蹄和轮缸活塞在回位弹簧作用下回位，将制动液压回制动主缸，制动作用解除。

（2）双回路液压制动系统的布置　双回路液压制动系统在各类汽车上的布置方案各不相同，如图 8-17 所示。

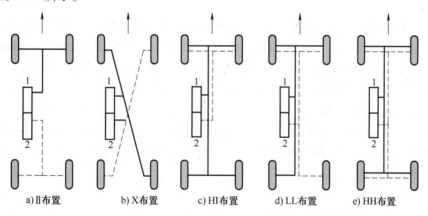

a) Ⅱ布置　　b) X布置　　c) HI布置　　d) LL布置　　e) HH布置

图 8-17　双回路液压制动系的布置方案
1—制动回路 1　2—制动回路 2　←—汽车行驶方向

在以上布置方案中，HI 型、LL 型、HH 型较为复杂，在汽车上应用较少；Ⅱ 型、X 型由于优点较多而被广泛应用。

（3）制动主缸　制动主缸属于单向作用活塞式液压缸，它的作用是将踏板机构输入的机械能转换成液压能。制动主缸分单腔式和双腔式两种，分别用于单回路和双回路液压制动系统。

图 8-18 所示为串联式双腔制动主缸的结构示意图。该类制动主缸用在双回路液压制动系统中，相当于两个单腔制动主缸串联在一起而构成。制动主缸的壳体内装有第二活塞 7、第一活塞 11 及第二活塞回位弹簧 12、第一活塞回位弹簧 9。前缸用隔离密封圈 14 密封；后缸用二级密封圈 19 密封，并用塑料衬套 10 及安全环 20 定位。两个储液筒分别与左腔、右

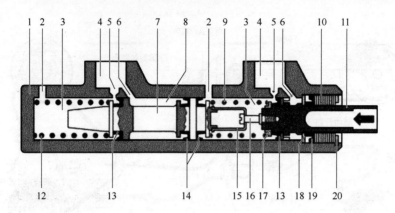

图 8-18　串联式双腔制动主缸的结构示意图

1—缸体　2—至制动回路的压力接口　3—左右压力室　4—至稳压罐　5—补偿孔　6—进液孔　7—第二活塞
8—中间室　9—第一活塞回位弹簧　10—塑料衬套　11—第一活塞（制动助力器输入力）
12—第二活塞回位弹簧（二次回路）　13—皮碗　14—隔离密封圈　15—束缚套
16—束缚螺钉　17—支承环　18—止动垫圈　19—二级密封圈　20—安全环

腔相通，通过各自的压力接口 2 与前后制动轮缸相通，左缸活塞靠右缸活塞的液力推动，而右缸活塞直接由推杆推动。

制动主缸在不工作时，左右腔内的活塞头部与皮碗 13 正好位于各自的补偿孔 5 和进液孔 6 之间。第二活塞回位弹簧的弹力大于第一活塞回位弹簧的弹力，以保证两个活塞不工作时都处于正确的位置。

制动时，驾驶人踩下制动踏板，踏板力通过传动机构传给推杆，推杆推动第一活塞 11 向前移动，活塞皮碗 13 盖住补偿孔 5 后，右腔压力升高。在右腔液压和第一活塞弹簧力的作用下，第二活塞 7 向左移动，左腔压力也随之提高。当继续向下踩制动踏板时，左右腔的液压继续提高，使前后制动器产生制动，如图 8-19 所示。

如图 8-20 所示，解除制动驾驶人松开制动踏板时，活塞在液压力和回位弹簧力的作用下返回，由于制动管路中的制动液不能立刻返回到主缸，主缸内液压力会迅速下降。因此储液室的制动液经过活塞上圆周布置的轴向孔及皮碗的外圆进入主缸。这样设计可防止主缸真空作用造成制动系统吸入空气。

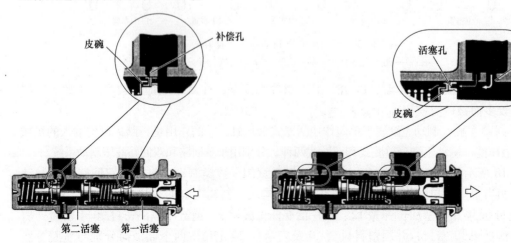

图 8-19　制动主缸正常制动过程　　　　图 8-20　制动主缸解除制动瞬间

当活塞返回其初始位置后，轮缸油路中的多余制动液经过补偿孔流回主缸，轮缸油路压力下降，轮缸活塞回位，制动器解除制动，如图 8-21 所示。

液压系统中因密封不良而产生的制动液泄漏及因温度变化而引起的制动液膨胀或收缩，都可通过补偿孔和进油孔得到补偿。

若左腔控制的回路发生故障时（图 8-22a），第二活塞不产生液压力，但在第一活塞液力作用下，左腔活塞被推至最前端，右腔产生的液压力仍能使后轮产生制动。

若右腔控制的回路发生故障时（图 8-22b），右腔不产生液压力，但第一活塞在推杆作用下前

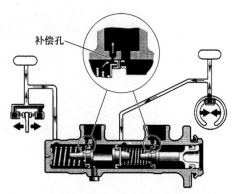

图 8-21　制动完全解除后状态

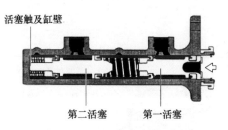

a) 左腔控制回路漏油时的制动状态

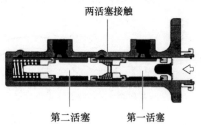

b) 左腔控制回路漏油时的制动状态

图 8-22　某一油路漏油时的制动状态

移，并与第二活塞接触而推动第二活塞前移，左腔仍能产生液压力使前轮产生制动。由此可见，当双回路液压制动系统中任何一套管路失效，制动主缸仍能工作，只是所需的踏板行程增大而已。

（4）制动轮缸　制动轮缸的作用是将从制动主缸输入的液压能转变为机械能，以使制动器进入工作状态。制动轮缸有单活塞式和双活塞式两种，如图 8-23 和图 8-24 所示。单活塞式制动轮缸主要用于双领蹄式和双从蹄式制动器，而双活塞式制动轮缸应用较广，即可用于领从蹄式制动器，又可用于双向双领蹄式制动器及双向自增力式制动器。

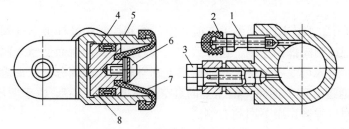

图 8-23　单活塞制动轮缸结构示意图

1—放气阀　2—橡胶护罩　3—进油管接头　4—密封圈　5—缸体　6—顶块　7—防护罩　8—活塞

（5）真空助力器　真空助力器可在较小的制动踏板压力下产生很大的制动压力，它是利用大气压与发动机进气管真空压力差助力的，根据助力器内的膜片结构的不同，它可使踏

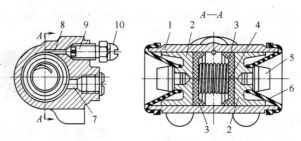

图 8-24　双活塞制动轮缸结构示意图

1—缸体　2—活塞　3—皮碗　4—弹簧　5—顶块　6—防护罩
7—进油孔　8—放气孔　9—放气阀　10—放气阀防护螺钉

板制动力增大 2 ~ 4 倍。真空助力器位于制动踏板和制动主缸之间。

　　真空助力器主要由壳体、助力活塞、活塞回位弹簧、反作用机构和控制阀机构组成，如图 8-25 所示。壳体由膜片分成恒压室和可变压力室两部分，控制阀机构用于调节可变压力室中的压力。

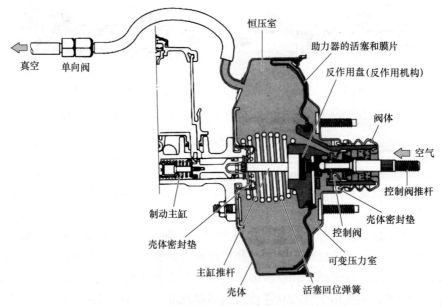

图 8-25　真空助力器

　　如图 8-26a 所示，真空助力器不工作时，空气阀和控制阀推杆被空气阀回位弹簧推到右侧，控制阀弹簧把控制阀推到左侧，这导致空气阀与控制阀接触而使空气阀关闭。所以空气不能通过滤清器后进入可变压力室。此时活塞上真空阀与控制阀分离，即真空阀打开，从而开启了通道 A 和通道 B 间的通路，恒压室的真空进入可变压力室。由于两压力室气压相等，膜片活塞在活塞回位弹簧作用下回到右侧。

　　如图 8-26b 所示，当踏下制动踏板时，推杆将空气阀推向左边，由控制阀弹簧推靠在空气阀的控制阀也向左移动直到触及真空阀，使真空阀关闭，阻断了通道 A 和通道 B 之间的通路。当空气阀进一步左移时，空气阀脱离控制阀，空气阀打开，空气可通过空气阀再经通道 B 进入可变压力室，恒压室与可变压力室的压差使活塞膜片左移，从而使反作用盘推动助力器推杆左移并产生助力制动力。制动主缸推杆上的作用力为踏板力和活塞膜片推力的总

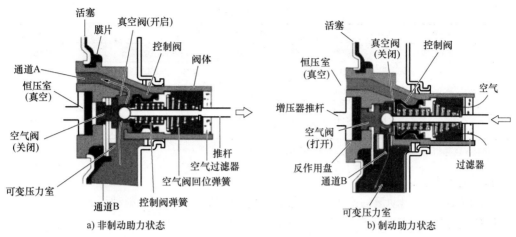

图 8-26 真空助力器控制阀

和，如图 8-26b 所示。

解除制动时，控制阀推杆弹簧使控制阀推杆和空气阀向右移动，真空阀离开膜片座上的阀座而开启。恒压室与可变压力室两腔相通，且均为真空状态。膜片座和膜片在膜片回位弹簧的作用下回位，制动主缸解除制动作用。

（6）液压助力器 液压助力器与制动主缸串联，安装于制动主缸之前，它利用蓄能器存储的高压制动液进行助力。液压助力器的结构如图 8-27 所示，主要由控制活塞、弹簧、转换活塞和操纵活塞等组成。

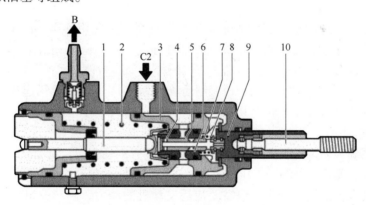

图 8-27 液压制动助力器（在行驶位置）

1—压杆 2—回位弹簧 3—转换活塞 4、5、6—控制棱边 7—控制活塞 8—弹簧 9—操纵活塞 10—活塞杆
B—至储油罐 C2—来自蓄能器

当没有操纵制动时，控制活塞的油道被控制棱边 4、5、6 切断，右侧液压制动助力室内的制动液经控制活塞中间油道从最左侧出口流出，再经 B 口流回储油室；当踏下制动踏板时，操纵活塞 9 推动控制活塞 7 左移，控制活塞左边出液口关闭，助力室的回油被切断。控制棱边 5 打开控制活塞中间油道，蓄能器的高压液通过控制活塞中间油道进入助力室，推动转换活塞左移，转换活塞通过压杆 1 推动制动主缸的推杆实现助力作用。

（7）制动液 制动液是制动系统中的传力介质，对制动液的要求见表 8-1。

表 8-1　制动液

试 验 标 准	FMVSS116[①]			SAE J1703
要求/等级	DOT3	DOT4	DOT5. DOT5.1	11.83
干沸点　最低/℃	205	230	260	205
湿沸点　最低/℃	140	155	180	140
低温黏度（在 -40℃）/ $(mm^2 \cdot s^{-1})$	1500	1800	900	1800

① FMVSS 联邦机动车标准，是美国汽车安全标准。

制动液要求：

1）平衡沸点。制动液的平衡沸点是耐热性的尺度。它表示在制动系统中，特别是在最高温度的轮缸中的耐热性。制动液超过它的沸点温度就会产生蒸汽泡而无法制动。

2）湿沸点。湿沸点是制动液的平衡沸点。在制动液温度超过湿沸点温度时，在一定的条件下就会吸收水。如吸湿性的制动液（乙二醇基），如果吸水就会急剧降低它的沸点。检测在用制动液湿沸点可查明它的制动性能。为防止在用的制动液吸入水或空气，所以汽车上的制动液要每隔 1~2 年更换。

3）黏度。为保证制动液在 -40~100℃ 的温度范围可靠使用，其黏度（动力黏度）随温度的变化应尽量小。特别是在配备 ABS 的制动系统中的制动液应该有尽可能小的低温黏度。

4）压缩性。制动液的压缩性应尽量小，且随温度而变化的压缩性也应小。

5）防腐性。按 FMVSS116 标准，制动液不应腐蚀制动系统中常用的金属，但这只能在使用防腐剂后才有可能。

6）弹性膨胀。各种制动液弹性膨胀需要与制动系统中使用的零部件弹性相适应。弹性膨胀应小，不允许超过 16%，否则会降低零部件强度。乙二醇制动液中哪怕含有少量的矿物油（矿物油制动液是一种溶剂）也会损害橡胶件（如密封件），导致制动失效。

7）化学添加剂。化学添加剂可以改善制动液的性能，但大多也会引起其他方面的变化。

注意：所有的制动液除了硅基 DOT5 外都会伤及皮肤和侵蚀油漆，制动液不能混用。

3. 气压制动系统

气压制动系统传动装置利用压缩空气作为制动装置的动力源。制动时，驾驶人通过控制制动踏板的行程，便可控制制动气压的大小，以得到不同的制动效果。其特点是：制动操纵省力，制动强度大，踏板行程小，但需要消耗发动机的动力，制动较粗暴而且结构相对复杂。因此，只有在一般载重货车和部分中型汽车上采用。

（1）气压制动回路　图 8-28 所示为解放 CA1092 型汽车双管路制动系统示意图。活塞式空气压缩机 1 由发动机驱动，首先将压缩空气压入湿贮气筒 4，湿贮气筒 4 上装有溢流阀 5 和放气阀 3。压缩空气在湿贮气筒内冷却并油水分离之后，进入主贮气筒 8 的前后腔。主贮气筒的前腔与制动控制阀 14 的上腔相连，最终控制后轮制动，主贮气筒的后腔与制动控制阀的下腔相连，最终控制前轮制动，同时通过三通管和气压表 15 及气压调节器 16 相连。双指针式气压表的上指针指示的是贮气筒的前腔气压，下指针指示的是贮气筒的后腔气压。在以上的供气管路中压缩空气常在，贮气筒最高气压为 0.8MPa。

当驾驶人踩下制动踏板时，拉杆带动制动控制阀拉臂摆动，使制动控制阀工作，贮气筒前腔的压缩空气经制动控制阀的上腔进入后制动气室 11，使后轮制动。同时贮气筒后腔的

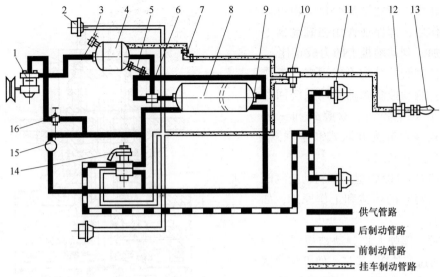

图 8-28　解放 CA1092 型汽车双管路制动系统示意图

1—空气压缩机　2—前制动气室　3—放气阀　4—湿贮气筒　5—溢流阀　6—三通阀

7—低压报警开关　8—主贮气筒　9—单向阀　10—挂车制动阀　11—后制动气室

12—分离开关　13—接头　14—制动控制阀　15—气压表　16—气压调节器

压缩空气通过制动控制阀下腔进入前制动气室 2，当放松制动踏板时，制动控制阀使各制动气室通入大气以解除制动。

（2）空气压缩机及调压阀　空气压缩机用以产生制动所需的压缩空气，输送到贮气筒中，其结构有单缸式和双缸式两种。空气压缩机通常固定在气缸体或气缸盖的一侧，由发动机通过风扇带轮和 V 形带驱动，或者由发动机曲轴的正时齿轮通过齿轮机构驱动。

调压阀用来调节供气管路中压缩空气的压力，使之保持在规定的压力范围内。同时使空气压缩机能卸荷空转，减少发动机的功率损失。空气压缩机卸荷装置与调压阀的工作原理如图 8-29 所示。

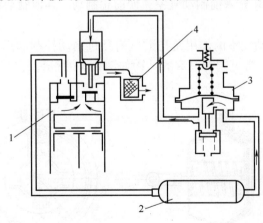

图 8-29　空气压缩机卸荷装置与调压阀的工作原理示意图

1—曲柄连杆式空气压缩机　2—贮气筒　3—调压阀　4—空气压缩机进气滤清器

（3）制动控制阀　制动控制阀是汽车气压制动系统的主要控制装置，用以控制由贮气筒进入制动气室或挂车制动控制阀的压缩空气量，因此制动控制阀能够控制制动气室中的工作气压，并可以使之渐进变化，也可以达到随动作用，即保证作用在制动器上的力与施加于制动踏板上的力成正比。

制动控制阀的结构形式很多，工作原理类似。制动控制阀随制动系统回路的不同，分为单腔式、双腔式和三腔式；双腔式又可分为并联式和串联式；而三腔式多为并联式。

现以解放 CA1092 型汽车制动控制阀为例，来说明它的构造和工作原理，如图 8-30 所示。

制动时，驾驶人将制动踏板踩下一定距离，通过滚轮 3、推杆 4 使平衡弹簧 5 及上腔活塞 8 向下移动，消除上腔阀 11 至上腔活塞之间的排气间隙，继而推开上腔阀。此时，从贮气筒来的压缩空气经进气孔 A_1、上腔阀与中阀体上的进气阀座间的进气间隙进入 G 腔，并经出气口 B_1 进入后制动气室，使后轮制动。与此同时，进入 G 腔的压缩空气通过通气孔 F 进入下腔大活塞 2 及下腔小活塞 12 的上方，使其下移推开下腔阀 14，此时从前桥贮气筒来的压缩空气经下腔阀与下阀体 13 的阀座之间形成的进气间隙

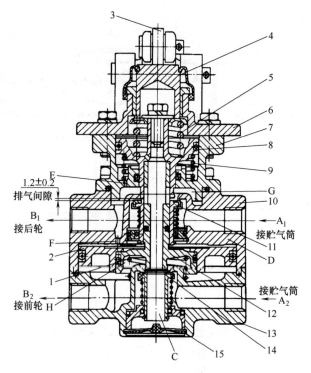

图 8-30 解放 CA1092 型汽车制动控制阀
1—下腔小活塞回位弹簧 2—下腔大活塞 3—滚轮 4—推杆
5—平衡弹簧 6—上盖 7—上阀体 8—上腔活塞 9—上腔
活塞回位弹簧 10—中阀体 11—上腔阀 12—下腔小活塞
13—下阀体 14—下腔阀门 15—防尘片
A_1、A_2—进气口 B_1、B_2—出气口 C—排气口
D—上腔排气孔 E、F—通气孔

进入 H 腔，并经出气口 B_2 充入前制动气室，使前轮制动。其他制动状态下的工作原理相似，不再赘述。

（4）制动气室 制动气室的作用是把贮气筒经过制动控制阀送来的压缩空气的压力转变为转动凸轮的机械力。常见制动气室的结构如图 8-31 所示，它有两个具有梯形断面的卡

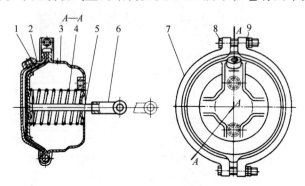

图 8-31 制动气室
1—橡胶膜片 2—盖 3—外壳 4—回位弹簧 5—推杆 6—连接叉 7—卡箍 8—螺栓 9—螺母

箍 7 将外壳 3、盖 2 和橡胶膜片 1 紧固在一起。盖和橡胶膜片之间为工作腔，用橡胶软管与制动控制阀接出的钢管相连，膜片右方通大气。回位弹簧 4 通过焊接在推杆 5 上的圆盘将橡胶膜片推至极限位置。推杆的外端借连接叉 6 与制动器的制动调整臂相连。

当踩下制动踏板，压缩空气自制动控制阀充入制动气室的工作腔，使橡胶膜片向右拱曲，将推杆推出，使制动调整臂和制动凸轮转动而实现制动。放松制动踏板，工作腔则经制动控制阀的排气口通大气，橡胶膜片与推杆都在回位弹簧作用下回位而解除制动。

（5）复合制动气室　在行车制动器兼作驻车制动器时，则采用了复合制动气室，又称弹簧贮能缸。它实际上是将一个弹簧贮能器和膜片式制动气室组合在一起。既作为行车制动时的传动机构，又作为驻车制动时的传动机构。图 8-32 所示为复合制动气室的结构原理图。其左侧为弹簧贮能器，主要由活塞 1、缸套 2、弹簧 10、解除制动螺栓 15 等组成。右侧为膜片式制动气室，二者由隔板 4 隔开，隔板中心有孔，活塞 1 左端的心轴装在其中。复合式制动气室的工作过程如下。

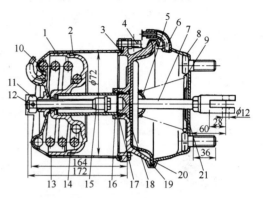

图 8-32　复合制动气室的结构原理图

1—活塞　2—缸套　3—O 形圈　4—隔板　5—弹簧
6—导流管　7—推杆　8—气室　9—回位弹簧
10—弹簧　11—开槽螺母　12—销　13—毡刷圈
14—密封圈　15—解除制动螺栓　16、17—密封圈
18—推盘　19—膜片　20—气室卡箍　21—导管

正常行驶不制动时（图 8-33c），压缩空气从 A 口进入弹簧贮能器活塞 1 的右侧，活塞 1 在压缩空气的作用下被推到左端，制动气室中的膜片 19 在回位弹簧 9 的作用下靠在中间的隔板上。

当汽车进行行车制动时（图 8-33b），压缩空气从 B 口进入制动气室膜片 19 的左侧，膜片在压缩空气的作用下右移，带动与调整臂相连的推杆右移，调整臂转动制动凸轮，将制动蹄压向制动鼓，产生行车制动了作用。

当进行驻车制动时（图 8-33a），驾驶人扳动手控制动阀，将弹簧贮能器中活塞 1 右侧的压缩空气放掉，此时，弹簧贮能器中的活塞 1 在左端制动弹簧 10 的推动下右移，并借助中间的心轴，将制动气室中的膜片 19 连同推杆 7 一起推向右端，与此同时也推动调整臂转动凸轮，将制动蹄压向制动鼓，产生驻车制动。要解除驻车制动，只要扳动手控制动阀，将压缩空气再从 A 口充入弹簧贮能器中，两端的活塞 1 和膜片 19 在各自力的作用下，回到图 8-33c 所示的位置。汽车进入正常行驶状况。

当汽车驻车制动因制动系统漏气而使制动系统气压低，而又不能起动发动机使气压升高时，就不能以气压力解除驻车制动，此时不得已又需要拖车移动汽车时，就只好以人工方法解除驻车制动。其方法是将两后轮贮能弹簧制动气室外侧的解除制动螺栓 15 向外旋出，拉动中间的心轴向左移动，从而使制动贮能器弹簧 10 压缩，以此解除驻车制动（图 8-33d）。

【技能训练】

一、液压制动系统的故障诊断

液压制动系统的故障诊断详见表 8-2。

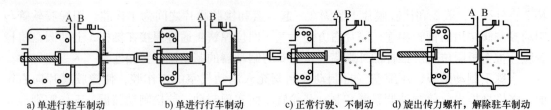

a) 单进行驻车制动　　b) 单进行行车制动　　c) 正常行驶、不制动　　d) 旋出传力螺杆，解除驻车制动

图 8-33　复合制动气室工作情况示意图

表 8-2　液压制动系统的故障诊断

故障现象	故障原因	故障诊断
制动失效 踏下制动踏板后，车辆不减速，即使连续踩踏板也无明显减速作用	1）制动踏板至制动主缸的连接松脱。 2）制动储液室无油或严重缺液。 3）制动管路断裂漏油。 4）制动主缸皮碗破裂	首先踩动制动踏板进行试验，根据踩制动踏板时的感觉，相应地检查有关部位。 　1）若制动踏板与制动主缸无连接感，说明制动踏板至制动主缸的连接松脱，应检查并修复。 　2）踩下制动踏板时，若感到很轻，稍有阻力感，则应检查主缸储液室内制动液是否充足。若主缸储液室内无液或严重缺液，应添加制动液至规定位置。再次踩下制动踏板时，若仍没有阻力感，则应检查制动主缸至制动轮缸的制动软管或金属管有无断裂漏油。 　3）踩下制动踏板时，虽然感到有一定的阻力，但踏板位置保持不住，明显下沉，则应检查制动主缸的推杆防尘套处是否有制动液泄漏。若有制动液泄漏，说明制动主缸皮碗破裂；若车轮制动鼓边缘有大量制动液，则应检查制动轮缸皮碗是否压翻、磨损是否严重
制动不灵 1）汽车制动时，踩一次制动踏板不能减速或停车，连续踩几次制动踏板，仍不见好转。 2）汽车紧急制动时，制动距离太长	1）制动踏板自由行程太大。 2）制动主缸储液室内存油不足或无油。 3）制动液变质（变稀或变稠）或管路内壁积垢太厚。 4）制动管路内进入空气或制动液汽化产生了气阻。 5）制动主缸、制动轮缸、管路或管接头漏油。 6）制动主缸、制动轮缸的活塞及缸筒磨损过度。 7）制动主缸、制动轮缸的皮碗老化或磨损引起密封不良。 8）制动主缸的进油孔、储液室的通气孔堵塞。 9）制动主缸的出油阀、回油阀不密封，活塞回位弹簧预紧力太小，活塞前端贯通小孔堵塞。 10）制动器的制动鼓与制动蹄片间隙不当；制动鼓与制动蹄片接触面积太小；制动蹄片质量不佳或沾有油污，制动蹄片铆钉松动；制动鼓产生沟槽磨损或失圆，制动时变形。	1）一脚踩下制动踏板，踏板到底且无反力，连续几次踩制动踏板都能踩到底但感觉阻力很小，则应检查储液室中制动液液面高度是否符合要求，若液面低于下线或在"MIN"线以下，说明制动液液面太低，应按要求补充；检查制动踏板连动机构有无松脱。 　2）连续几次踩制动踏板时，踏板高度仍过低，并且在第一次踩制动踏板后，感到总泵活塞未回位，踩下制动踏板即有制动主缸与活塞碰击响声，则应检查制动主缸的活塞回位弹簧是否过软，主缸的皮碗是否破裂。 　3）连续踩几次制动踏板时，踏板高度低且阻力很小，则应检查制动主缸的进油孔或储液室的通气孔是否堵塞。 　4）一脚踩下制动踏板时，踏板高度过低；连续几次踩下制动踏板时，踏板高度稍有增高，并有弹性感，则应检查系统内是否存有气体。 　诊断时，应根据不同的现象进行分析。如车辆初行驶时，其制动效能较好，但行驶一定里程后，随着制动液温度的升高，其制动效能下降，则应检查制动液的质量。 　5）一脚踩下制动踏板时，踏板高度较低；连续几次踩下制动踏板时，踏板高度随之增高且制动效能好转，则应检查制动踏板的自由行程及制动器的间隙。 　6）维持制动踏板高度时，若踏板缓慢或迅速下降，则应检查制动管路是否破裂、管接头是否密封不良；检查制动主缸、制动轮缸皮碗或皮圈密封是否良好。

（续）

故 障 现 象	故 障 原 因	故 障 诊 断
制动不灵 1）汽车制动时，踩一次制动踏板不能减速或停车，连续踩几次制动踏板，仍不见好转。 2）汽车紧急制动时，制动距离太长	11）真空增压器或助力器的各真空管路接头松动、脱落，管路有破裂处；膜片破裂或者密封圈密封不良；单向阀、控制阀密封不良；辅助缸活塞、皮碗磨损过甚；单向球阀不密封	7）安装真空增压器或助力器的车辆，踩下制动踏板时，若踏板高度适当但阻力太大，而且制动不灵，则应检查真空增压器或助力器的工作情况；检查制动系统油管是否有老化、凹瘪，制动液黏度是否太大。 8）踩制动踏板时，若踏板有向上反弹、顶脚的感觉，但制动力不足，则应检查真空增压器的辅助缸活塞磨损是否过度，辅助缸活塞、皮碗是否密封不良，辅助缸单向球阀是否密封不良。 9）路试车辆时，观察各车轮的制动情况。若个别车轮制动不良，则应检查该车轮的制动软管是否老化；摩擦片与制动鼓间的间隙是否不当；摩擦片是否有硬化、油污、铆钉外露现象；制动鼓内臂是否磨损成沟槽；摩擦片与制动鼓的接触面积是否过小
制动跑偏 1）汽车行驶制动时，行驶方向发生偏斜。 2）紧急制动时，方向急转或车辆甩尾	1）左右车轮轮胎气压、花纹或磨损程度不一致。 2）左右车轮轮毂轴承松紧不同、个别轴承破损。 3）左右车轮的制动蹄摩擦衬片材料不相同或新旧程度不相同。 4）左右车轮制动蹄摩擦片与制动鼓的接触面积、位置不一样或制动间隙不等。 5）左右车轮制动轮缸的技术状况不同，造成起作用时间或张力大小不相等。 6）左右车轮制动鼓的厚度、直径、工作中的变形程度和工作面的粗糙度不同。 7）单边制动管路凹瘪、阻塞或漏油；单边制动管路或制动轮缸内有气阻。 8）单边制动蹄与支承销配合过紧或锈蚀。 9）一侧悬架弹簧折断或弹力过低。 10）一侧减振器漏油或失效。 11）前轮定位失准。 12）转向传动机构松旷。 13）车架、车桥在水平平面内弯曲或车架两边的轴距不等。 14）感载比例阀故障	1）若车辆正常行驶时有跑偏现象，则首先进行以下外观检查：检查左右车轮轮胎气压、花纹和磨损程度是否一致；检查各减振器是否漏油或失效；检查悬架弹簧是否折断或弹力是否一致。 2）支起车轮，用手转动和轴向推拉车轮轮胎。若一侧车轮有松旷或过紧感觉，应重新调整轴承的预紧度；若转动车轮时感到发卡或有异响，应检查该车轮轮毂轴承是否破损或毁坏。 3）对汽车进行路试。制动后，若汽车向一侧跑偏，则为另一侧的车轮制动不良。 首先对该车轮制动器进行放气，若无制动液喷出，则说明该轮制动管路堵塞，应进行更换。若放出的制动液中有空气，则说明该轮制动管路中混入空气，应进行排放。 观察该车轮制动器间隙，若制动器间隙过大，说明制动蹄摩擦片磨损严重或制动自调装置失效，应进行更换。 若上述检查正常，则应拆检该车轮制动器。检查制动盘或制动鼓是否磨损过甚或有沟槽，若磨损过甚，应进行更换，若有严重沟槽，应车削或镗削，检查制动蹄摩擦片（摩擦衬块）是否有油污或水湿及磨损过甚，若摩擦片有油污或水湿，应查明原因并清理，若摩擦片磨损过甚，应进行更换；检查制动轮缸或制动钳活塞，若有漏油或发卡现象，应进行更换。 4）若制动时，出现忽左忽右跑偏现象，则应检查前轮定位是否符合要求，若前轮定位不正确，应进行调整；检查转向传动机构是否松旷，若松旷，应紧固、调整或更换。 5）若在制动时，车辆出现甩尾现象，应检查感载比例阀是否有故障

（续）

故 障 现 象	故 障 原 因	故 障 诊 断
制动拖滞 抬起制动踏板后，全部或个别车轮的制动作用不能立即完全解除，以致影响车辆的重新起步、加速行驶或滑行。	1）制动踏板无自由行程，制动踏板拉索系统不能回位。 2）制动总泵回位弹簧折断或失效。 3）制动总泵回油孔被污物堵塞，密封圈发胀或发黏与泵体卡死。 4）通往分泵的油管凹瘪或堵塞。 5）制动盘摆差过大。 6）前制动器密封圈损坏，造成活塞不能正常复位。 7）前、后制动器分泵密封圈发胀或发黏与泵体卡死。 8）鼓式制动器的制动蹄回位弹簧折断或过软。 9）鼓式制动器的制动蹄摩擦片破裂或铆钉松动。 10）鼓式制动器的制动鼓严重失圆	1）将汽车支起，在未踩制动踏板的情况下，用手转动车轮。若某一车轮转不动，说明该车轮制动器拖滞；若全部车轮转不动，则说明全部车轮制动器拖滞。 2）若为个别车轮制动器拖滞，首先旋松该车轮制动轮缸的放气螺钉，若制动液急速喷出，随即车轮能旋转自如，说明该车轮制动管路堵塞，制动轮缸未能回油，应更换制动管路。若旋松放气螺钉后车轮仍转不动，则应拆下车轮，解体检查制动器。 对于盘式制动器： 检查制动盘的轴向跳动量，若误差过大，应磨削或更换。 拆检制动轮缸，若轮缸活塞发卡或密封圈损坏，应进行更换。 对于鼓式制动器： 检查制动蹄摩擦片状况，若摩擦片破裂或铆钉松动，应更换摩擦片。 检查制动器间隙自调装置，若有损坏，应进行更换。 检查制动鼓状况，若制动鼓圆度误差过大，应镗削或更换。 检查制动蹄回位弹簧，若有折断或弹力减弱，应进行更换。 检查制动轮缸，若轮缸活塞发卡或密封圈损坏，应进行更换。 3）若全部车轮制动器拖滞，则首先检查制动踏板自由行程是否符合要求，若自由行程过小，应进行调整。 检查制动踏板的回位情况，用力将制动踏板踩到底并迅速抬起，若踏板回位缓慢，说明制动踏板回位弹簧失效或踏板轴发卡，应进行更换或修复。 检查制动主缸的工作情况：打开制动液储液室盖，由一人连续踩制动踏板，另一人观察制动主缸的回油情况。若不回油，说明制动主缸回油孔堵塞，应清洗、疏通；若回油缓慢，说明制动液过脏或变质，应进行更换
驻车制动不良 1）拉紧驻车制动器，汽车很容易起步。 2）在坡道上停车时，拉紧驻车制动器，汽车不能停止而发生溜车现象	1）驻车操纵杆的自由行程过大。 2）驻车操纵杆系或绳索断裂、松脱、发卡等。 3）驻车制动器间隙过大。 4）驻车制动器摩擦片磨损过甚或有油污。 5）驻车制动鼓磨损过甚、失圆或有沟槽。 6）驻车制动蹄运动发卡。 7）驻车制动蹄摩擦片与制动鼓的接触面积太小	1）将汽车停放在平坦的地面上，拉紧驻车制动器操纵杆，挂入低速档起步，若汽车很容易起步而发动机不熄火，说明驻车制动不良。 2）从驻车制动器操纵杆放松位置往上拉，直至拉不动为止。检查操纵杆的行程，若行程过大，说明操纵杆的自由行程过大，应进行调整。检查拉动操纵杆的阻力，若感觉没有阻力或阻力很小，说明操纵杆或绳索断裂、松脱，应进行更换或修复；若感觉阻力很大，说明操纵杆或绳索及制动器发卡，应拆检修复。 3）从检视孔检查中央驻车制动器或后轮制动器的间隙是否符合要求，若制动器间隙过大，应进行调整。 4）经上述检查均正常，应拆检驻车制动器。检查制动蹄摩擦片是否磨损过甚或有无油污；检查制动鼓是否磨损过甚、失圆或有沟槽；检查制动蹄运动是否发卡，若有发卡现象，应修复或润滑；检查制动蹄摩擦片与制动鼓的接触面积是否符合要求，若接触面积过小，应进行更换或修整

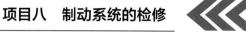

二、制动踏板的检查与调整

（1）测量制动踏板的高度　制动踏板的标准值为 135～141mm，如果不符合规定，按以下调整方法进行调整。

1）把行车制动灯开关拧出到不与制动踏板杆接触。

2）拧松制动助力器上的防松螺母，旋转制动助力器控制阀杆以改变制动助力器杆叉的位置，这样就可以调整制动踏板的高度，调整合适后再拧紧防松螺母。

（2）制动踏板自由行程的调整

在发动机停止时踩制动踏板 2～3 次，以去除制动助力器内的残余真空度，然后再压下制动踏板，直到感觉到阻力明显（推动助力器气阀）为止，此时踏板的行程即为自由行程，如图 8-34 所示，标准值为 5～15mm。如果自由行程过大，则说明制动助力器推杆与制动主缸活塞间隙过大。如果自由行程过小，则可能是助力器推杆与制动主缸活塞无间隙或行车制动灯开关调整不当，可按上述方法调整。

（3）制动踏板高度的调整　起动发动机，用不大于 500N 的力踩制动踏板，测量制动踏板至前地板的距离，标准值为 ≥68mm，如距离小于标准值，应考虑下列原因并进行修理或调整。

1）制动管路内有空气。

2）制动管路渗漏。

3）制动助力器推杆与制动主缸活塞间隙过大。

4）制动蹄片磨损严重。

三、液压制动系统排气

1）检查并添加制动液使液面至最高位。

2）拧下要排气的分泵放气螺栓，将胶管一端接到分泵的排气螺栓口上，胶管的另一端放入集液瓶中，如图 8-35 所示。

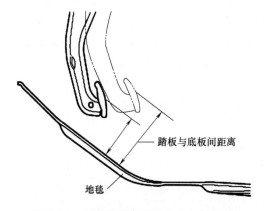

图 8-34　制动踏板高度和自由行程测量

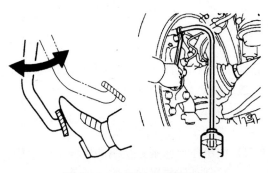

图 8-35　液压制动系统排气

3）两人配合进行，一人在驾驶室内连续踩制动踏板数次，直到踏板变硬踩不下去为止，然后踩住不动。

4）另一个人在车下，将放气螺钉旋松，让空气与一部分制动液排出，待踏板降低到底时拧紧放气螺钉，松开踏板。

5）重复3）、4）两步，直到放气螺钉处排出的全是制动液为止。

6）检查并拧紧所有放气螺钉，检查并加注主缸制动液到标准液位。

四、真空助力器的检查

（1）真空助力器的检查（不用仪器）

1）发动机熄火状态下，踩下制动踏板并保持其位置不变，起动发动机，此时如踏板高度无变化，则真空助力器不起作用。如真空助力器良好，发动机起动后，踏板应进一步往下沉。

2）发动机运转状态下，踩下制动踏板并保持其位置不变，停止发动机，30s内踏板高度如有变化（有一股上升的力），则真空助力器作用不良，可能存在漏气处。如真空助力器良好，30s内踏板高度不会变化。

（2）真空助力器的检查（使用简单仪器）

检查前接上真空表、压力表和踏板力测力计（脚力表单向阀），如图8-36所示。将真空软管与发动机真空接头连接，未制动时检查密封性。起动发动机，当真空表读数达到约65kPa时，发动机熄火，等待约30s，观察真空表读数的下降情况，如果下降值超过3kPa，则说明密封性不良。

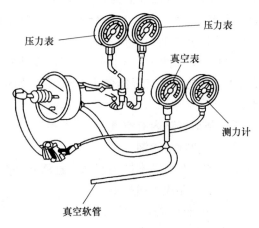

图8-36　真空助力器的检查

制动时检查密封性：起动发动机，以200N的力踩下制动踏板，当真空表读数达到约65kPa时，发动机熄火，等待约30s，观察真空表读数的下降情况，如下降值超过3kPa，则说明密封性不良。

（3）真空助力器的性能检测　在确认前两项检验合格后进行真空助力器的性能检测。

1）无助力作用的情况。停止发动机，待真空表读数为零时，以100N的力踩下制动踏板，制动管路压力表读数应在0.2MPa以上，当踩制动踏板的力为300N时，压力表读数应在2MPa以上。

2）有助力作用的情况。起动发动机，当真空表读数达到65kPa时，以100N和300N的力分别踩下制动踏板，压力表读数的标准值分别为2.8～4.3MPa和9.83～11.33MPa。

五、制动摩擦片的拆装

（1）拆卸

1）举升车辆，拆下车轮。

2）固定住导向销，从制动钳体上拧下固定螺钉，如图8-37所示。

3）将制动钳放置在一侧，或挂在构件上。

4）取出摩擦片，取出导向夹。

（2）安装

1）装入摩擦片止动弹簧，装入制动摩擦片，如图8-38所示。

2）放下制动钳，用新的自锁式螺栓固定制动钳体。

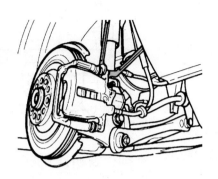

图 8-37　拆制动钳

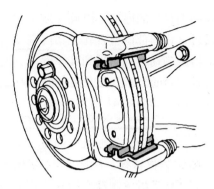

图 8-38　安装弹簧和摩擦片

六、制动器的检修

盘式制动器检查时，首先检视制动盘的工作表面是否有沟痕、擦伤、烧蚀、裂纹等。然后还应进行定量检测。

（1）制动盘厚度的检查　制动盘磨损会使其厚度减小，厚度过小会引起制动踏板振动、制动噪声及颤动。

检查制动盘厚度时，可用游标卡尺或千分尺直接测量，如图 8-39 所示。在制动盘的 4 个点或更多点测出制动盘的厚度，以检查制动盘的厚度偏差。检查在制动盘边缘相同距离上的每一个测量值。厚度变化大于 0.015mm 的制动盘，制动时会导致制动踏板抖动和前端振动。加工或更换不符合上述规格的制动盘。

（2）制动盘轴向圆跳动的检查　制动盘轴向圆跳动过大会使制动踏板抖动或使制动衬片磨损不均匀。

检查制动盘轴向圆跳动可用百分表进行，如图 8-40 所示。轴向圆跳动量应不大于 0.04mm。对不符合要求的制动盘可进行机加工修复（加工后的厚度不得小于 8mm）或更换。

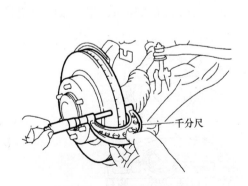

图 8-39　制动盘厚度的检查

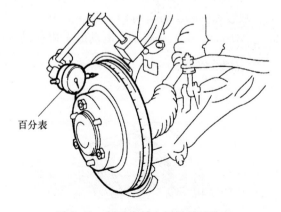

图 8-40　制动盘轴向圆跳动的检查

（3）制动衬片的检查　汽车每行驶 15000km 应检查一次制动衬片。只要拆卸车轮（轮胎换位等），就要检查一次制动衬片。

检查卡钳两端和外衬片两端，因为磨损最大的部位通常出现在这些位置。

检查内制动衬片的厚度，以确保制动衬片厚度符合要求。透过卡钳顶部的检查孔观察内制动衬片。

当制动器的制动衬片磨损到其厚度（衬片＋制动块钢背）小于 7.5mm 时，应更换新的制动衬片。制动衬片厚度的检查如图 8-41 所示。

（4）车轮制动器拖滞检测　将车辆进行路试制动操作，然后拆下车轮，使弹簧秤的拉力方向沿车轮前行转动方向安装弹簧秤，如图 8-42 所示。拉动弹簧称测量阻力；然后拆下制动摩擦片，用同样方法再次测量轮毂的转动阻力，如图 8-43 所示。两次测量的差值应符合规定。

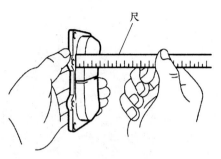

图 8-41　制动衬片厚度的检查

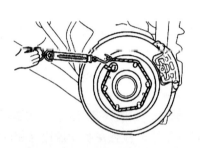

图 8-42　没拆制动摩擦片时轮毂阻力检查

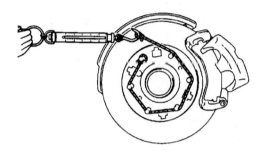

图 8-43　拆制动摩擦片时轮毂阻力检查

（5）鼓式制动器检查

1）后制动摩擦片厚度检查。如图 8-44 所示，用卡尺 1 测量后制动摩擦片 2 的厚度，标准值为 5mm，使用极限为 2.5mm，其铆钉头 3 与摩擦片 2 表面的深度不得小于 1mm，以免铆钉头刮伤制动鼓内表面。在未拆下车轮时，后制动摩擦片的厚度可从制动底板观察孔中检查。

2）后制动鼓内孔磨损与尺寸的检查。如图 8-45 所示，应首先检查后制动鼓 1 内孔有无烧损、刮痕和凹陷，若有可修磨加工，并用卡尺 2 检查内孔尺寸，标准值为 180mm，使用极限为 181mm。用工具测量后制动鼓 1 内径的圆度，使用极限为 0.03mm，超过极限应更换后制动鼓 1。

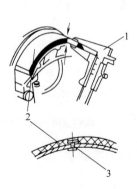

图 8-44　后制动摩擦片厚度检查
1—卡尺　2—摩擦片　3—铆钉

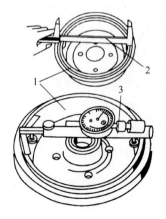

图 8-45　后制动鼓内孔磨损及尺寸检查
1—制动鼓　2—卡尺　3—测量圆度工具

3）后制动摩擦片与后制动鼓接触面积的检查，如图 8-46 所示。将后制动摩擦片 1 表面打磨干净后，靠在后制动鼓 2 上，检查二者的接触面积，应不小于 60%。否则，应继续打磨制动摩擦片 1 的表面。

4）后制动器定位弹簧及回位弹簧的检查。检查后制动器定位弹簧、上回位弹簧、下回位弹簧和楔形调整板拉簧的自由长度，若增长率达到 5%，则应更换新弹簧。

5）后制动轮缸缸体与活塞的检查，如图 8-47 所示。首先应检查后制动轮缸缸体 1 内孔与活塞 2 外圆表面的烧蚀、刮伤和磨损情况，然后测出制动轮缸缸体 1 内孔孔径 B，活塞 2 外圆直径 C，并计算出活塞 2 与缸体 1 的间隙 A，标准值为 0.04 ~ 0.106mm，使用极限为 0.15mm。

图 8-46　制动摩擦片与制动鼓接触面积的检查
1—制动摩擦片　2—制动鼓

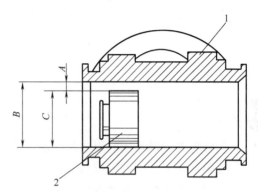

图 8-47　制动轮缸缸体与活塞的检查
1—制动轮缸缸体　2—活塞
A—活塞与缸体间隙　B—缸体内孔孔径　C—活塞外圆直径

【课后测评】

1. 简述制动系统的工作原理。
2. 制动系统由哪几部分组成？各组成有何功用？
3. 制动器的类型有哪些？
4. 鼓式制动器有哪几种类型？简述领从蹄式制动器结构及原理。
5. 简述自增力式制动器的工作原理。
6. 钳盘式制动器类型有哪些？简述浮钳盘式制动器的结构与原理。
7. 液压制动系统组成有哪些？液压制动系统类型有哪些？
8. 简述气压制动系统的组成及原理。
9. 简述液压制动系统的故障现象及诊断方法。
10. 简述真空助力器的检查方法。
11. 简述盘式制动器的检查流程。

项目九

汽车行驶稳定性系统的检修

【项目目标】

1. 掌握防抱死制动系统的组成与原理。
2. 掌握驱动防滑系统的组成与原理。
3. 掌握电子稳定程序系统的组成及原理。
4. 能够对汽车行驶稳定性系统进行故障诊断及部件更换。

【知识准备】

一、概述

汽车除了自身重力、地面对车轮的支承力外，行驶时还会受到各种纵向力（驱动力、制动力及风力等）、横向力（转向力、离心力等）的作用，由于汽车受力的不均衡还会产生各个方向上的力矩，如图9-1所示。

这些力及力矩最后由轮胎以力的形式作用于地面，当轮胎对地面的作用力与轮胎在地面上的附着力相平衡时，汽车才能达到所希望的行驶状态。

在某些情况下，如在湿滑、冰雪路面行驶时，加速、制动或转向操纵时会使汽车轮胎与地面间产生较大的滑动，车辆失去控制，甚至酿成严重的交通事故。

车轮滑动的主要原因：一是由于轮胎的橡胶弹性变形而形成的轮胎内部滑动，二是轮胎与地面间产生的滑动。滑动的结果是汽车行驶时实际行驶的距离与理论行驶距离

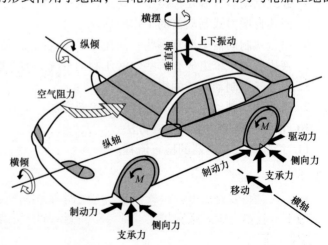

图9-1　汽车行驶时的受力和力矩

产生差值。车轮滑动分两种状态，即制动时车轮抱死的"滑移"和驱动时驱动力大于附着力的"滑转"。

1. 滑动的表示方法

车轮与地面间的滑动程度可用滑移率或滑转率表示。

滑移率 S_B 是指汽车在制动时滑移成分在汽车纵向运动速度中所占的比率。

$$S_B = (v_F - v_U)/v_F$$

滑转率 S_A 是指汽车在驱动时滑转成分在车轮转动速度中所占的比率。

$$S_A = (v_U - v_F)/v_U$$

式中，v_F 为汽车行驶速度；v_U 为车轮的圆周速度，如图 9-2 所示。公式表示只要车轮的转动速度小于汽车相应的实际行驶速度，就会发生制动滑移；只要车轮的转动速度大于汽车相应的实际行驶速度，就会发生驱动滑转。

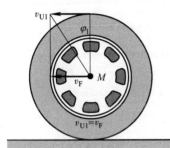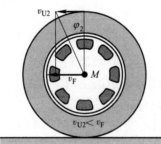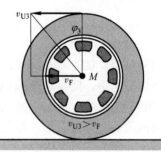

a) 车轮自由转动　　　　　　b) 车轮制动滑转　　　　　　c) 车轮驱动滑转

图 9-2　车轮转动状态

v_F 为车轮中心 M 的汽车速度　v_{U1}、v_{U2}、v_{U3} 为车轮圆周速度，在车轮制动时单位时间的转角 φ 变小，即制动滑转；在车轮驱动时单位时间的转角 φ 变大，即驱动滑转。

2. 摩擦力

车轮传递到地面的制动力（或驱动力）等于地面作用于车轮的摩擦力，该摩擦力与轮胎的支承力（法向力）成正比，即

$$F_R = \mu_{HF} \cdot F_N$$

式中，μ_{HF} 称为附着系数或摩擦系数。附着系数是可传递摩擦力的一个尺度，车轮在多大程度上能得到实际有效的制动力（或驱动力），最终要取决于附着系数。

车轮力的传递取决于轮胎与路面间的滑转，图 9-3 所示是汽车在制动时的附着系数随滑移率的变化过程。纵向附着系数随制动滑移率从零开始急剧上升到最大值。根据路面特性和摩擦特性的不同，最大纵向附着系数约在制动滑移率的 10% ~ 40% 出现，之后纵向附着系数开始下跌。横向附着系数滑移率为零时最大，随着滑移率的增大横向附着系数会下降。

纵向附着系数决定可获得最大制动力的能力，横向附着系数决定侧向稳定性。把纵向附着系数上升且横向附着系数较大的部分称为制动的"稳定范围"，附着系数下降的部分称为"不稳定范围"。

汽车驱动时的附着系数随滑转率的变化过程与此相同。汽车大多数的制动过程和加速过

程处于小滑转率的稳定范围。这样,增大滑转率也能充分增大可用的附着系数。在不稳定范围,继续增大滑转率,附着系数就变小。

摩擦力决定了轮胎与路面间的力的传递,而附着系数决定摩擦力的大小。通过调整滑转率使纵向附着系数最大及适当的横向附着系数,可使汽车的制动效能和驱动能力达到最佳,并有良好的操控性及行驶稳定性,从而提高汽车安全行驶性能。

防抱死制动系统(ABS)和驱动防滑转控制(ASR)就是利用了能提供最佳的附着性能这一目标的控制系统。

二、防抱死制动系统

防抱死制动系统(Anti-lock Brake System,简称ABS)能在汽车制动时,自动控制制动器制动力的大小,使车轮不被抱死,即处于边滚边滑(滑移率在20%左右)的状态,以保证车轮与地面的附着力为最大值,提高汽车制动安全性,如图9-4所示。

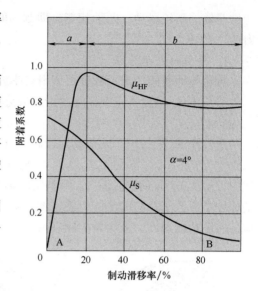

图9-3 附着系数—滑移率曲线

μ_{HF}—纵向附着系数 μ_{S}—横向附着系数
a—稳定范围 b—非稳定范围

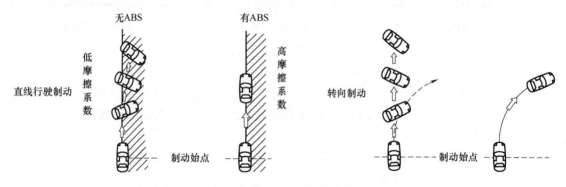

图9-4 有、无 ABS 时,汽车制动状态的对比

1. 功用

防抱死制动系统的主要功用为:

1)充分发挥制动器的效能,缩短制动时间和距离。

2)可有效防止紧急制动时车辆侧滑和甩尾,具有良好的行驶稳定性。

3)可在紧急制动时转向,具有良好的转向操纵性。

4)可避免轮胎与地面的剧烈摩擦,减少轮胎的磨损。

2. 分类

根据控制通道数可分为四通道、三通道、二通道三种;根据传感器数目主要可分为四传感器和三传感器两种。控制通道是指能够独立进行制动压力调节的制动管路。如果一个车轮的制动压力占用一个控制通道,可以进行单独调节,称为独立控制;如果两个车轮的制动压力是一同调节的,称为一同控制;两个车轮一同控制时有两种方式:如果以保证附着系数较

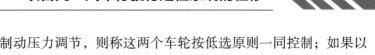

小车轮不发生抱死为原则进行制动压力调节，则称这两个车轮按低选原则一同控制；如果以保证附着系数较大车轮不发生抱死为原则进行制动压力调节，则称这两个车轮按高选原则一同控制。按低选原则一同控制较常见。

目前，四通道式和三通道式 ABS 系统在汽车上应用较多。

1）四通道四传感器式。四通道四传感器 ABS 如图 9-5a、b 所示，每个车轮都有一个轮速传感器，且每个车轮的制动压力都是独立控制。这种形式的 ABS 制动效能好，但在不对称路面上制动时的方向稳定性差。

2）三通道四传感器式。三通道四传感器 ABS 如图 9-5c、d 所示，一般采用两个前轮独立控制，两个后轮按低选原则进行一同控制。对两个前轮进行独立控制，主要是考虑轿车，特别是前轮驱动的汽车，前轮制动力在汽车总制动力中所占的比例较大（可达 70% 左右），可以充分利用两前轮的附着力。这种形式的 ABS 制动方向稳定性较好，制动效能稍差，是 ABS 控制系统采用的主要控制方式。

3）三通道三传感器式。三通道三传感器 ABS 如图 9-5c 所示，也是采用两个前轮独立控制，两个后轮按低选原则进行一同控制。与三通道四传感器 ABS 不同的是后桥只有一个轮速传感器，装在差速器附近。这种形式的 ABS 制动方向稳定性较好，但制动效能稍差。

4）按液压调节器与制动主缸的安装方式分为：整体式 ABS 系统和分离式 ABS 系统。

5）按助力方式分为：液压助力式和真空助力式。

6）按液压调节方式分为：循环调节式和可变容积调节式。

7）按结构分为：液压式、气压式和气液混合式。

8）按控制方式分为：预测控制方式和模仿控制方式。

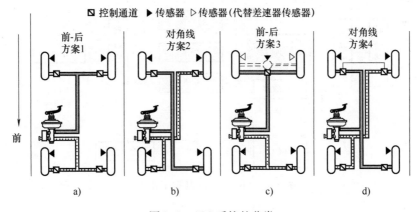

图 9-5　ABS 系统的分类

3. 基本原理

如图 9-6 所示，在传统的制动系统基础上，ABS 通常加装有轮速传感器、制动压力调节器、电子控制单元（ECU）和 ABS 警示装置等。

ABS 系统的基本工作流程如图 9-7 所示。每个车轮上安置一个轮速传感器，它们将各车轮的转速信号及时地输入电子控制单元（ECU）。电子控制单元（ECU）是 ABS 的控制中心，它根据各个车轮轮速传感器输入的信号对各个车轮的运动状态进行监测和判定，并形成相应的控制指令，再适时发出控制指令给制动压力调节器。制动压力调节器是 ABS 中的执行器，它是由调压电磁阀总成、电动泵总成和储液器等组成的一个独立整体，并通过制动管路与制动主缸和各制动轮缸相连，制动压力调节器受电子控制单元（ECU）的控制，对各制动轮缸的制动压力进行调节，如图 9-7 所示。警示装置包括仪表板上的制动警告灯和 ABS 警告灯；制动警告灯为红色，通常用"BRAKE"作标识，由制动液面开关、手制动开关及制动液压力开关并联控制；ABS 警告灯为黄色，由 ABS 电子控制单元控制，通常用"ABS 或 ANTILOCK"作标识。ABS 具有失效保护和自诊断功能，当电子控制单元（ECU）监测到系统出现故障时，将自动关闭 ABS，仅保留常规制动系统；同时存储故障信息，并将 ABS 警告灯点亮，提示驾驶人尽快进行修理。

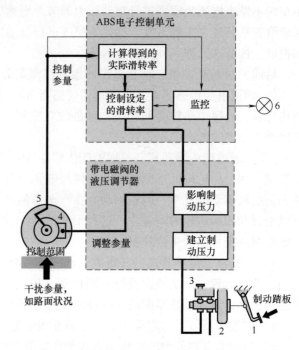

图 9-6　ABS 系统基本组成原理示意图
1—制动踏板　2—制动力放大器（助力）　3—主制动缸（带补偿罐）
4—轮缸　5—车轮转速传感器　6—指示灯

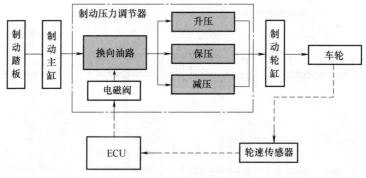

图 9-7　ABS 系统的基本工作流程

4. 结构与组成

ABS 通常由常规的液压制动系统、ABS 液压调节系统和 ABS 电子控制系统组成。基本组成部件如图 9-8 所示。

（1）ABS 电子控制系统　ABS 电子控制系统的作用是：汽车制动时，ABS 电子控制单元根据车轮转速传感器等输入信号对车轮的制动状态进行计算，将计算结果指令输出给电磁阀等执行器，控制车轮处于制动力最大时的边滚边滑的最佳制动状态。电子控制系统的组成如图 9-9 所示。

1）输入信号。

① 车轮转速传感器。车轮转速传感器安装于轮毂上，如图 9-10 所示，也有个别装于差

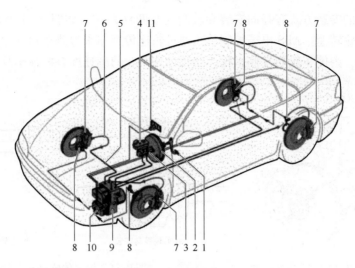

图 9-8　ABS 系统的组成

1—制动踏板　2—制动助力器　3—主缸　4—稳压罐　5—制动管　6—制动软管
7—带轮缸的车轮制动器　8—车轮转速传感器　9—液压调节器
10—安装在液压调节器上的 ABS 电子控制单元　11—ABS 指示灯

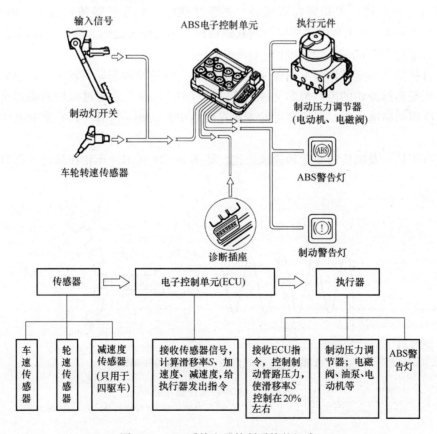

图 9-9　ABS 系统电子控制系统的组成

速器上。传感器的安装方式有径向安装和轴向安装两种方式，如图 9-11 所示。轮速传感器用于测定汽车车轮转速。ABS 电子控制单元通过轮速传感器来检测车轮的运动状态，根据驱动轮与非驱动轮、内侧车轮与外侧车轮，比较计算车轮的减速度、滑移率及车速等参数。

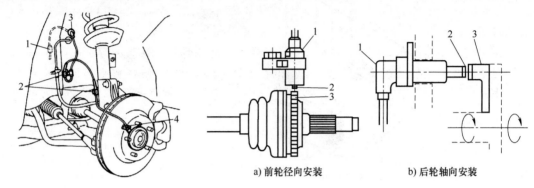

图 9-10　车轮转速传感器安装位置　　　　图 9-11　轮速传感器安装方式
1—插接器　2—导线夹　3—护套　4—传感器　　　1—壳体　2—极柱　3—脉冲轮

利用固定在轮毂上的钢质脉冲轮或多极磁环产生轮速信号。车轮转速传感器分无源式和有源式两大类。

a. 无源（感应式）车轮转速传感器。无源（感应式）车轮转速传感器，如图 9-12 所示，由永久磁铁 4、与永久磁铁相耦合的软磁极柱 2 和绕组 3 组成。软磁极柱插在绕组 3 中，从而在传感器周围形成一个均匀磁场。

极柱直接位于固定在轮毂上的脉冲轮 1 对面。当脉冲轮即车轮转动时，传感器周围的均匀磁场不断受到脉冲轮的齿和齿隙交替更迭的“干扰”，改变了通过极柱的磁通密度，从而也改变了绕组的磁通密度。磁通密度的变化在绕组中感应出一个 1 ~ 15V 交变电压，可从绕组两端输出。

交变电压信号及幅值与车轮转速成正比，如图 9-12a 所示。车轮在静止状态时感应电压为零。

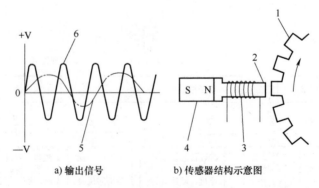

图 9-12　无源转速传感器原理
1—钢质脉冲轮　2—极柱　3—绕组　4—永久磁铁　5—低转速信号　6—高转速信号

脉冲轮的齿形、空气间隙、电压上升斜率和电子控制单元输入灵敏度决定了最低可检测到的汽车行驶速度和用于 ABS 时可达到的灵敏度响应以及控制速度。

极柱在安装时要对准脉冲轮，空气间隙为 0.8 ~ 1.2mm。

b. 有源车轮转速传感器（磁敏式、霍尔式）。现今，先进的制动系统基本上都采用有源车轮转速传感器。

霍尔式转速传感器利用了霍尔效应原理，即当电流垂直于外磁场通过导体时，垂直于电流和磁场的方向会产生一附加电场，从而在导体的两端产生电势差。

霍尔式传感器结构如图 9-13 所示，传感器的脉冲轮是一个多极磁环，如图 9-14 所示。多极磁环为环形的、放在非磁性金属支架上，支架上装有的 N、S 磁极交替排列的元件，北极 N 和南极 S 作为脉冲轮的齿和齿隙，转速传感器芯片感受磁环上不断交替的磁场变化。

图 9-13　多极脉冲轮转速传感器
1—轮毂　2—滚珠轴承　3—多极磁环
4—车轮转速传感器

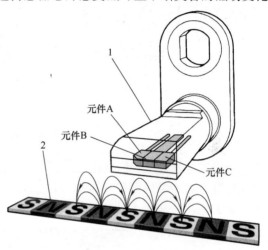

图 9-14　转速检测原理
1—传感元件　2—多极磁环
A、B、C—分别为霍尔元件

具有能检测转动方向的霍尔转速传感器为差动式霍尔传感器，它包括三个错开布置的霍尔元件，各霍尔元件间设置的距离能保证当元件 C 测出的磁通量最小时，元件 A 测出的磁通量最大，同时传感器内部还会产生一个差动信号 A—C，如图 9-15a 所示。霍尔元件 B 布

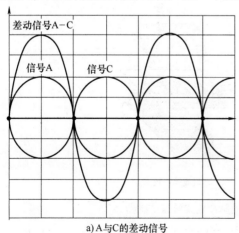

a) A 与 C 的差动信号

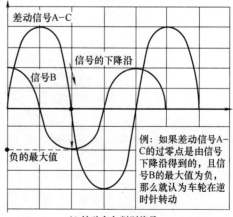

例：如果差动信号 A-C 的过零点是由信号下降沿得到的，且信号 B 的最大值为负，那么就认为车轮在逆时针转动

b) 转动方向判别信号

图 9-15　霍尔元件信号

置在 A 和 C 之间，当信号 A 和 C 以及差动信号 A—C 为零时，元件 B 测出的磁通量最大。利用信号 B 何时达到最大值（正或负）作为判定旋转方向的依据，如图 9-15b 所示。

转速传感器通过一个电流接口与控制单元相连，如图 9-16 所示，控制单元内装有一个低欧姆的测量电阻 R。转速传感器有两个电插头，它与测量电阻一起构成一个分压器。插头 1 和 2 之间的电压就是蓄电池电压 U_B。传感器信号在测量电阻上会产生一个电压降 U_S。这个信号电压由电子控制单元来进行分析。

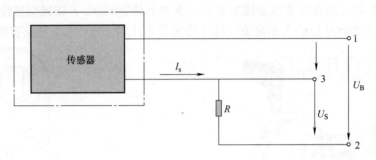

图 9-16　电气线路

转速传感器信号是 PWM（脉冲宽度调制）信号。单位时间内的脉冲个数中包含着转速信息。通过脉冲宽度编码可得到旋转方向、间隙尺寸、安装位置和车辆静止状态识别等信息，如图 9-17 所示。

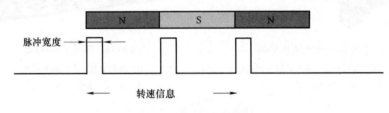

图 9-17　转速传感器信号

也可用钢质脉冲轮替代多极磁环。产生均匀磁场的磁铁放在 Hall 芯片上，如图 9-18 所示。

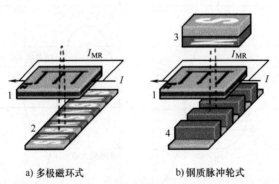

a) 多极磁环式　　　　b) 钢质脉冲轮式

图 9-18　多极磁环式和钢质脉冲轮式转速传感器
1—霍尔元件　2—多极磁环　3—磁极　4—钢质脉冲轮

磁阻式（磁敏式）转速传感器利用了材料的磁阻特性，磁阻（MR）特性是当材料受外部磁场作用时，它的阻值会发生变化。各向异性磁阻（AMR）特性是当磁性材料受外部垂直磁场作用时，内部磁场方向会发生改变，磁性材料的电阻是内部磁场变化方向的函数。

磁阻式转速传感器是利用各向异性磁阻材料制成的。常见的为一个由塑料封装的硅芯片，它放在传感器头部，外形似霍尔传感器。磁敏硅芯片（磁通密度变化时引起电阻变化）可用 AMR 薄层技术作为简单的铍莫电阻接成全桥或半桥电路制成。

与无源车轮转速传感器相比，有源车轮转速传感器与脉冲轮或多极磁环间允许有较大的空气间隙，空气间隙为 0.5 ~ 1.5mm。

② 减速度传感器。减速度传感器也称为 G 传感器，应用在四轮驱动的车上，用于测量汽车制动时的减速度，识别是否为雪路、冰路等易滑路面（两侧车轮不同附着系数）。

减速度传感器有多种形式，图 9-19 所示为压敏电阻式的减速度传感器，压敏电阻制在横梁上，当汽车减速或加速时下面的质量块会移动，从而使横梁产生扭曲引起压敏电阻的阻值改变，电路将电阻变量转变为电压变量送给 ABS 电子控制单元。

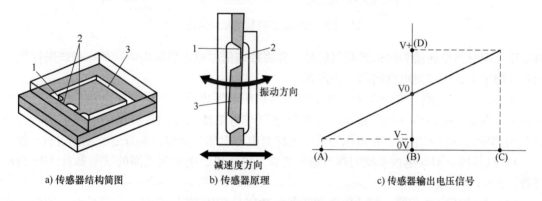

a) 传感器结构简图　　b) 传感器原理　　c) 传感器输出电压信号

图 9-19　压敏电阻式的减速度传感器
1—横梁　2—压敏电阻　3—质量块
（A）加速时　（B）巡航时　（C）减速时　（D）G 传感器输出电压

2）电子控制单元。电子控制单元（ECU）一般安装在制动压力调节器上，用于控制制动压力调节器的工作，同时监测 ABS 电子系统各部件及电路的工作状态。

ECU 内部电路主要由输入放大电路、运算电路、电磁阀控制电路以及安全保护电路等组成，如图 9-20 所示。

① 输入电路。输入电路主要由一低通滤波器和用以抑制干扰信号并放大车轮转速信号的输入放大器组成。其功用是对输入电子控制单元的信号进行预处理，滤除输入信号中的各种干扰，对输入的信号进行整形，然后将输入的各种模拟信号转换为数字信号后输入运算电路中。在对系统的监测过程中，由运算电路发出的测试脉冲信号又经输入电路传给各车轮转速传感器，再由输入电路将各传感器的反馈信号处理后输入运算电路。

② 运算电路（微处理器）。运算电路主要进行车轮线速度、初始速度、滑移率、加速度和减速度的运算，并进行电磁阀控制参数的运算和监控运算。运算电路可分为瞬时线速度运算电路、初始速度运算电路、比较运算电路、电磁阀控制参数运算电路和监控运算电路。

③ 电磁阀控制电路。电磁阀控制电路接收由运算电路输送来的电磁阀控制参数信号，

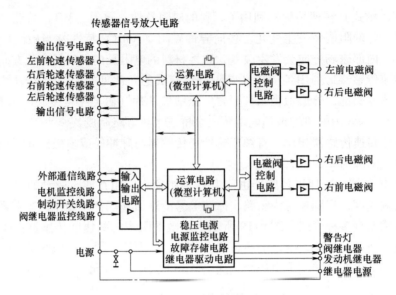

图 9-20　ABS 电子控制单元的组成

由数字式控制指令转换为模拟式控制信号，并将控制信号放大后向电磁阀的电磁线圈提供不同的控制电流，以控制电磁阀的工作位置。

④ 安全保护电路。安全保护电路主要包括稳压电源电路、电源监控电路、故障存储电路和继电器驱动电路四部分。稳压电源电路将汽车蓄电池或发动机提供的电源电压转变为 ECU 内部所需的稳定电压，并由电源监控电路对电源电压是否稳定在规定的范围进行监控。

3）执行器。ABS 电控系统的执行器主要有泵电动机、电磁阀线圈的继电器及 ABS 指示灯等。

（2）制动压力调节器　制动压力调节器的功用是接收 ECU 的指令，通过电磁阀的动作来实现车轮制动器制动压力的自动调节。制动压力调节器主要有液压式、气压式和空气液压加力式等，现代轿车制动系统主要是液压式。

液压式制动压力调节器串联在制动主缸和轮缸之间，通过电磁阀直接或间接地控制轮缸的制动压力。把电磁阀直接控制轮缸制动压力的制动压力调节器，称为循环式调节器；把间接控制制动压力的制动压力调节器，称为可变容积式调节器。

1）循环式制动压力调节器。BOSCH 的 ABS 制动压力调节器为循环式制动压力调节器，其结构如图 9-21 所示。在液压调节器体上装有回液泵、储液罐、抑制脉动的减振器（现在用电脑软件实现抑制脉动，取消了减振器）和电磁阀等部件，液压调节器体内有连通油道。

① 电磁阀。电磁阀的功用是调节制动分泵的制动压力。

BOSCH 早期的 ABS 电磁阀采用三位三通电磁阀，由于三位三通电磁阀有难于加工、控制复杂，并且体积大、重量重等缺点，早已不用了，现在主要采用的是二位二通电磁阀。

二位二通电磁阀分为常开式和常闭式两种，如图 9-22 所示。两种电磁阀均由阀门、衔铁、电磁线圈和回位弹簧组成。

常开式二位二通电磁阀在常态下由弹簧张力作用使阀门保持开启，当线圈通电时，作用于衔铁上的磁力克服弹簧力移动，使阀门闭合。常开式二位二通电磁阀位于制动总泵和分泵之间，常开式二位二通电磁阀上有一旁通阀，其作用是松开制动踏板后，分泵的制动液能一

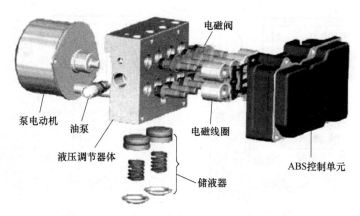

图 9-21　BOSCH ABS 制动压力调节器的结构

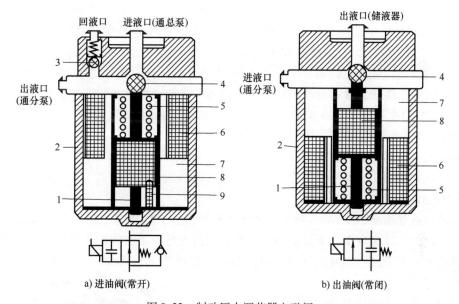

图 9-22　制动压力调节器电磁阀

1—顶杆　2—阀体　3—旁通阀　4—球阀　5—回位弹簧　6—电磁线圈　7—钢套　8—衔铁　9—限位杆

部分通过旁通阀快速回流到主缸，使分泵迅速分离。

　　常闭式二位二通电磁阀在常态下由弹簧张力作用使阀门保持关闭，当线圈通电时，作用于衔铁上的磁力克服弹簧力移动，使阀门打开。常闭式二位二通电磁阀位于制动分泵和回液泵之间。

　　两个电磁阀成对使用，共同完成 ABS 工作中对制动压力的调节的任务。

　　② 回液泵与储液器。电磁阀在减压过程中，从制动轮缸流出的制动液经储液器由回油泵泵回制动主缸。

　　储液器壳内有活塞和弹簧。储液器用于暂时存储 ABS 减压过程中从制动分泵回流的制动液，同时还对回流制动液的压力波动具有一定的衰减作用。

　　电动回液泵由直流电动机和柱塞泵组成。柱塞泵由柱塞、进出液阀及弹簧组成，如图 9-23 所示。

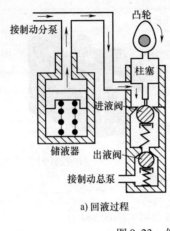 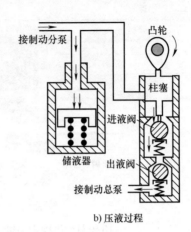

a) 回液过程　　　　　　　　b) 压液过程

图 9-23　储液器与电动回液泵

回液泵受 ECU 控制，在 ABS 减压过中将由轮缸流出的制动液经储液器泵回制动主缸。

当 ABS 工作（减压）时，根据 ECU 输出的指令，直流电动机带动偏心凸轮将驱动柱塞在柱塞套筒内移动。柱塞上行时，储液器与制动分泵内具有一定压力的制动液进入柱塞泵筒。柱塞下行时，压开进液阀及泵筒底部的出液阀，将制动液泵回制动主缸出液口。

2）可变容积式制动压力调节器。可变容积式制动压力调节器，是在汽车原有制动系统管路上增加一套液压控制装置，用它来控制制动管路中容积的增减，从而控制制动压力的变化。该种压力调节系统的特点是制动压油路和 ABS 控制压力的油路是相互隔开的。

可变容积式制动压力调节器主要由控制装置（电磁阀和控制活塞）、供能装置（油泵和蓄能器）和储液室等组成。

蓄能器构造如图 9-24 所示，外部为高强度塑料壳体，内部有一膜片，将蓄能器室隔成两部分，上面为高压氮气室，下面为油室。在进油口处有一单向阀，油只进不出，在出油口接往总泵处有一安全阀与油泵进油端相通，当调压超过 22.05kPa 时，安全阀打开，使蓄能器内油压降低。

电动增压泵构造如图 9-24 所示，一般与压力/警告灯开关、调压开关组成一整体，油泵则由电动机、转子、滚子、活塞和凸轮环等组成。当开关一开，电动机即以逆时针方向带动转子及活塞在凸轮环内运动，由于滚子的作用，引导活塞往复运动，靠近泵油侧时，出油口开；反之，靠近吸油侧时进油口开，一泵一吸，将制动油压向蓄能器。

可变容积式制动压力调节器工作过程如下：

①常规制动状态：如图 9-25a 所示，常规制动时，电磁线圈无电流流过，电磁阀将控制活塞工作腔与回油管路接通，控

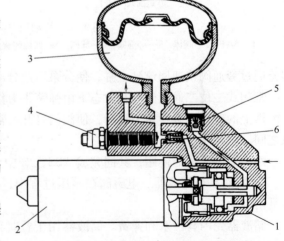

图 9-24　蓄能器和电动增压泵

1—油泵　2—电动机　3—蓄能器　4—压力/警告
灯开关　5—单向阀　6—安全阀

制活塞在强力弹簧的作用下推至最左端。活塞顶端推杆将单向阀打开，使制动主缸与轮缸的制动管路接通，制动主缸的制动液直接进入轮缸，轮缸压力随主缸压力变化而变化。

② 减压状态：如图 9-25b 所示，减压时，ECU 向电磁线圈通入一个大电流，电磁阀内的柱塞在电磁力作用下克服弹簧力移到右边，将蓄能器与控制活塞工作腔管路接通。蓄能器（油泵）的压力油进入控制活塞工作腔推动活塞右移，单向阀关闭，主缸与轮缸之间的通路被切断。同时，由于控制活塞的右移，使轮缸侧容积增大，制动压力减小。

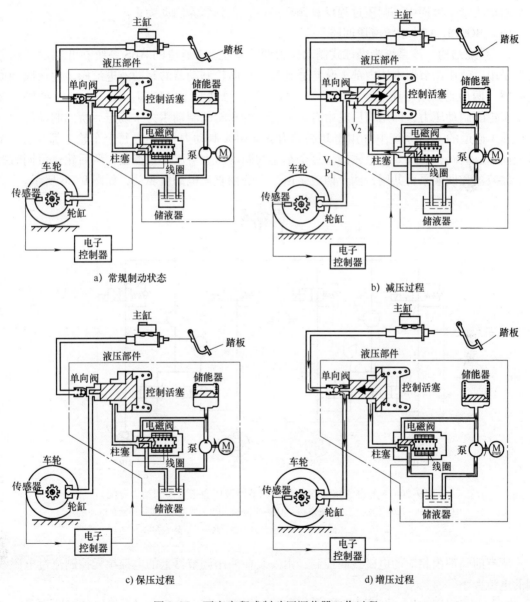

图 9-25　可变容积式制动压调节器工作过程

③ 保压状态：如图 9-25c 所示，ECU 向电磁线圈通入一个较小的电流，由于电磁线圈的电磁力减小，柱塞在弹簧力的作用下左移至将蓄能器、回油管及控制活塞工作腔管路相互关闭的位置。此时控制活塞左侧的油压保持一定，控制活塞在油压和强力弹簧的共同作用下

保持在一定位置，而此时单向阀仍处于关闭状态，轮缸至控制阀的容积不发生变化，使轮缸制动压力保持一定。

④ 增压状态：如图9-25d所示，需要增压时，ECU切断电磁线圈中的电流，柱塞回到左端的初始位置，控制活塞工作腔与回油管路接通，控制活塞左侧控制油压解除，控制液流回储液器。控制活塞在强力弹簧的作用下左移，轮缸至控制阀容积变小，压力升高至初始值。当控制活塞左移至最左端时，单向阀被打开，轮缸压力将随主缸的压力增大而增大。

制动的整个过程中，调压过程反复循环进行，直到解除制动为止。

（3）BOSCH ABS系统液压回路

1）系统结构。该系统为循球式制动压力调节系统。3通道的ABS系统在Ⅱ制动回路分配上采用，液压调节器本体内部上装有通到每一个前轮制动器的制动液进液阀、放液阀和通到后桥（两后轮共用制动液）的进液阀、放液阀，总共6个电磁阀。按"低选"原则控制两个车轮的制动压力，即用两后轮中有高滑转率的车轮的制动压力来确定后桥的制动压力。

在4通道的ABS系统中（用于Ⅱ制动力分配和X制动力分配），每个车轮上都装有1个进液阀和放液阀，总共8个电磁阀。每个车轮的制动压力可以分别控制，两后轮也可同时控制。储液器和回液泵可共用，两个回液泵由一个公用直流电动机驱动，如图9-26所示。

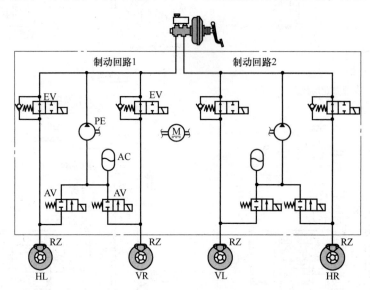

图9-26　4通道ABS系统中液压调节器液压通道（X制动力分配）

HZ—主缸　RZ—轮缸　EV—进液阀　AV—出液阀　PE—回液泵　M—回液泵电动机
AC—低压储液罐　V—前　H—后　R—右　L—左

所有的阀都由相应的电磁线圈控制，由安装在液压调节器上的电控单元控制流过电磁线圈的电流大小。

2）ABS液压调节。为了便于说明，液压控制回路单元简化为一个轮缸的回路表示，其工作状态如图9-27所示。

① 常规制动状态（ABS不工作）：轮缸的进液电磁阀和出液电磁阀都没有通电，常开的进液阀口开启，常闭的出液阀口处于关闭状态。制动主缸的高压液传送到轮缸，产生制动

力，如图 9-27a 所示。

② 减压状态（ABS 工作）：进液电磁阀和出液电磁阀都通电，则进液阀口关闭，制动主缸与轮缸隔离，主缸油液不能进入轮缸；出液阀口开启，轮缸油液流回储液器，轮缸液压下降，导致车轮制动力下降。在 ABS 工作阶段，泵电动机连续运转，回液泵将储液器内的油液泵回制动主缸，如图 9-27b 所示。

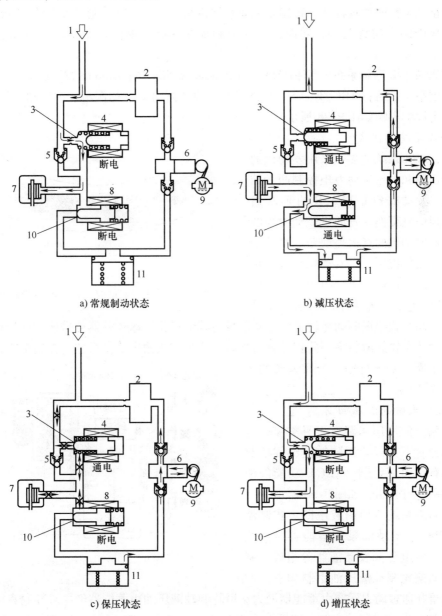

a) 常规制动状态　　　　　　　　b) 减压状态

c) 保压状态　　　　　　　　d) 增压状态

图 9-27　制动压力调节

1—来自主缸　2—减振室　3—进液口　4—进液电磁阀　5—单向阀　6—回液泵
7—轮缸　8—出液电磁阀　9—泵电动机　10—出液口　11—储液器

③ 保压状态（ABS 工作）：进液电磁阀通电，进液口关闭，出液电磁阀断电，出液口关

闭，此时轮缸通往主缸和储液器的两条油液管路都封闭，轮缸的液压保持不变，制动力不变。在此阶段，泵电动机仍然转动，如图9-27c所示。

④ 增压状态（ABS工作）：两个电磁阀都断电，则进液口开启，出液口关闭。制动主缸的压力油液又可传送至轮缸，轮缸液压增加，制动力增高，如图9-27d所示。

三、驱动防滑控制系统

为防止汽车在驱动过程中，特别是在非对称路面或转弯时驱动轮过度滑转，以提高汽车在驱动过程中的方向稳定性、转向控制能力和加速性能，现代汽车采用了驱动防滑控制系统。

汽车驱动防滑控制系统，简称ASR（Acceleration Slip Regulation 的英文缩写），也称为牵引力控制系统，简称TRC或TCS。在低附着系数的路面上（如湿滑、冰雪路面等），ASR对车辆稳定性的影响如图9-28所示。

1. ASR系统的组成

目前，ASR系统大多数采用发动机的驱动力矩控制和车轮制动力矩控制两者结合的方式。发动机ECU与ASR的ECU通过网络实现信息交换。发动机驱动力矩的控制即是对发动机的点火提前角、喷油量及节气门开度的控制，由发动机管理系统完成。节气门采用电子节气门。ASR液压系统与ABS液压系统共用，增加隔离装置。

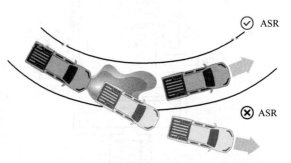

图9-28　低附着系数路面有、无ASR行驶稳定性比较

电子控制装置根据驱动轮转速传感器信号与其他车轮转速传感器信号比较可计算车辆速度、加速度及车轮的滑转率，并将计算结果以电指令方式输出给执行器，控制车轮的驱动滑转，保证车辆全安全行驶。ASR系统的组成如图9-29所示。

2. ASR系统的液压回路

ASR系统的液压回路有多种类型，但都大同小异。下面以丰田陆地巡洋舰四驱越野车具有牵引力控制（TRC）功能的液压回路为例进行介绍，如图9-30所示。

液压回路系统主要由液压助力式制动主缸（HBB）、电动油泵和蓄能器、开关电磁阀、调压电磁阀及储液器等组成。制动系统中的前轮制动液压油由制动主缸的

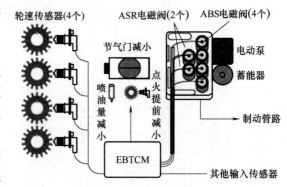

图9-29　ASR系统的组成

活塞腔供给并通过动力活塞由蓄能器助力，后轮制动液压油由蓄能器经主缸控制直接供给。

（1）液压助力式制动主缸　液压助力式制动主缸如图9-31所示，是带有中心阀的单活塞式主缸，它只控制前轮制动器。主缸前部由调节活塞、回位弹簧、滑阀、反作用杆和反作用盘等组成。主缸右侧由操纵杆、动力活塞和助力室组成。操纵杆和动力活塞直接相连，调节活塞与滑阀直接相连。

当踩下制动踏板时，操纵杆推动动力活塞及主缸活塞向左移动，中心阀关闭主缸活塞腔

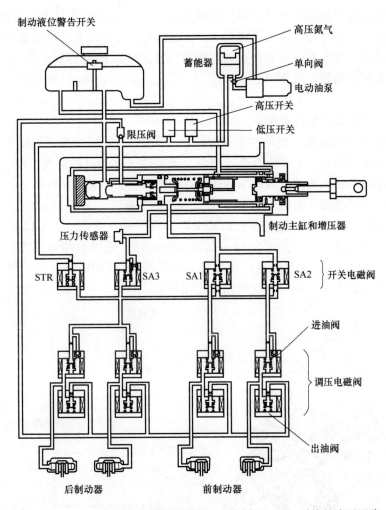

图 9-30　丰田陆地巡洋舰四驱越野牵引力控制（TRC）系统的液压回路

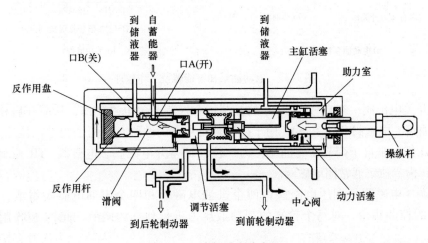

图 9-31　液压助力式主缸

进液口，活塞腔高压液进入前轮制动器。同时高压液、中心阀杆及弹簧推动调节活塞左移，调节活塞推动滑阀左移，打开蓄能器进口 A，关闭储液器回液口 B。蓄能器高压液进入助力室对前轮制动助力，并经助力室直接进入后轮制动器，对后轮进行制动。

　　随着助力室压力增高，反作用盘变形增大，反过来通过反作用杆推动滑阀右移，进液口 A 关闭，此时反作用盘两侧受力达到平衡。当增大踏板压力时，口 A 再次打开，从而使制动助力压力与制动踏板力成比例增加。

　　（2）电动油泵和蓄能器　电动油泵和蓄能器（图9-32a）储存高压制动液。蓄能器中间有膜片将蓄能器隔成两腔，上腔充有高压氮气，下腔用于存储高压油液。电动油泵工作时，将储液器或制动分泵回流的液压油加压后送入蓄能器中。如图9-32b 所示，电动油泵工作由高压开关控制，当蓄能器压力低于 16MPa 时，高压开关断开，ASR ECU 收到该信号后就会驱动电动油泵工作；当蓄能器压力高于 17MPa 时，高压开关接通，ASR ECU 就会断开电动油泵的供电，油泵停止工作；如果此时高压开关有故障，则当蓄能器压力达到 24MPa 时，限压阀打开，防止蓄压器压力过高；当蓄能器压力低于 11MPa 时，低压开关断开，ASR ECU 控制制动警告灯点亮，同时触发蜂鸣器发出异响。

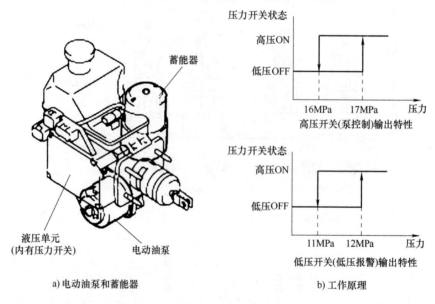

图9-32　电动油泵和蓄能器及工作原理

　　（3）开关电磁阀　来自 ASR ECU 的控制指令控制开关电磁动作，从而开启和关闭相关的制动液油路。电磁阀 SA1 和 SA2 用于控制来自主缸的油路，这两个阀是二位三通电磁阀。电磁阀 SA3 控制来自于调节器的油路，为二位二通常开电磁阀。电磁阀 STR 控制来自蓄能器的油路，为二位二通常闭电磁阀。

　　（4）调压电磁阀　调压电磁阀由四个进油电磁阀和四个出油电磁阀组成，接收来自 ASR ECU 的控制指令，对每个轮缸的制动液压力进行独立的调节，起到 ABS 制动力调节作用。

　　图9-33 所示为左侧车轮在低附着系数路面行驶时两左侧驱动轮驱动滑转的控制。因为驱动时车轮的制动控制，制动力不是来自于主缸，而是来自于蓄能器，所以，STR 电磁阀通

电开启蓄能器至轮缸的油路，SA3 通电关闭至主缸的油路。左后轮驱动滑转，则左后轮的进出油电磁阀进行车轮的制动压力调节，即增压、保压、减压模式的循环控制；右后轮没有滑转，则该轮缸的进出油电磁阀处于减压模式。若左前轮驱动滑转，则 SA1 通电，电磁阀动作关闭至主缸的油路，开启轮缸至蓄能器的油路，蓄能器的高压油进入左前轮轮缸，由左前轮轮缸进入制动压力的高调节。右前轮没有滑转，则 SA2 没有通电，蓄能器的高压油不能进入右前轮轮缸管路。

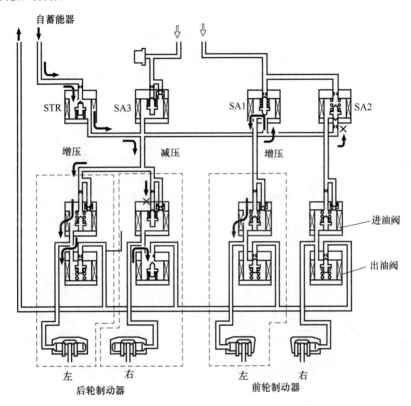

图 9-33　ASR 在某种条件下的工作状态

由此可见，ASR ECU 可通过各车轮转速传感器确定哪个车轮驱动滑转，然后分别控制各个开关电磁阀及调压电磁阀，可现实对某个驱动滑转的车轮进行制动压力控制，从而控制该轮的滑转率，达到驱动防滑的控制。

四、电子稳定程序

汽车稳定程序 ESP 为英文 Electronic Stability Program 的缩写，是 BOSCH 公司研发的。开发的公司不同，其缩写有所示不同。如日产公司将其称为 VDC，丰田公司将其称为 VSC，本田公司将其称为 VSC，宝马公司将其称为 DSC 等，其原理和作用基本相同。ESP 属于汽车主动安全系统，又称为行驶动力控制系统。在任何时候，只要驾驶状况变得紧急，电子稳定程序 ESP 都能保持车辆稳定，使主动行车安全大为改善。ESP 整合了 ABS 和 ASR 的功能，并大大拓展了其功能范围。ESP 还可降低各种场合下发生侧滑的危险，并能自动采取措施。通过在针对性地单独制动各个车轮，在紧急躲避障碍物、转弯时出现不足转向或过度转向时，使车辆避免偏离理想轨迹。ESP 能使驾驶人操作更轻松，汽车更容易控制，有效减少交通事故。

1. ESP 系统的控制原理

ESP 系统是一套计算机程序，通过从各传感器传来的车辆行驶状态信息进行计算与分析，进而向 ABS 和 ASR 系统发出纠偏指令，帮助车辆维持动态平衡。工作时，ESP 系统不需要驾驶人对其操作，而是根据实际情况作出反应，从而不再盲目服从驾驶人，使汽车行驶安全性大大提高。ESP 系统最重要的信息由偏航率传感器提供，负责测定汽车围绕纵轴的旋转运动（偏航率）。其他传感器负责记录偏航角速度和横向加速度，ESP ECU 计算出保持车身稳定的理论值，与偏航率传感器和横向加速度传感器测得的数据进行比较，发出平衡纠偏指令（转向不足则产生向理想轨迹曲线外侧的偏离倾向，过度转向则产生向理想轨迹曲线内侧的偏离倾向）。ESP 系统自动纠正车辆的转向不足和过度转向，如图 9-34 所示。

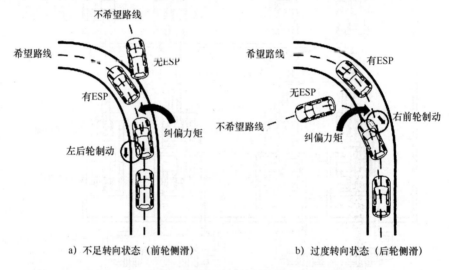

a）不足转向状态（前轮侧滑）　　　　b）过度转向状态（后轮侧滑）

图 9-34　车辆在弯道行驶时的不足转向和过度转向

2. ESP 系统的组成

ESP 系统是在 ABS 系统和 ASR 系统的基础上发展而来，它包含 ABS 和 ASR 系统部件并对其部件功能进一步拓展，同时也有自身功能的专属部件。ESP 系统的组成如图 9-35 所示，其主要由传感器，ESP 电控单元和执行机构组成。

传感器主要用于检测车身和车轮的运动趋势及行驶状态，为控制器提供控制信息。电控单元用于汽车行驶动态控制和车轮滑转率控制的分析与计算，输出控制指令控制执行机构动作。执行机构控制车轮的制动力、驱动力和侧向力。

（1）偏航率传感器　偏航率传感器或偏转速度传感器也称陀螺测速仪。它用于检测配备有 ESP 系统的汽车在弯道行驶或加速时绕其垂直轴的转动，以对其动态行驶状态进行调节。

微机械硅转动率传感器由于成本低、体积小，精度高，广泛应用于现代主级轿车上。如图 9-36 所示，在硅片上加工出两个较厚的振动质量块，振动质量块由弹簧与硅片相连，振动质量块上有导电电路。每个振动块上带有微小的电容式表面微力学加速度传感器。硅片平行方向有磁铁。在振动质量块上的导电电路通电，对振动块产生激振。当传感器芯片绕汽车垂直轴以偏航率为 Q 的速度转动时，传感器可检测到硅片表面垂直于振动方向的哥氏加速

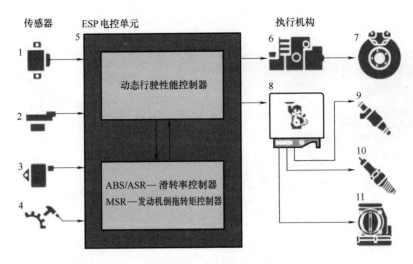

图 9-35　ESP 系统的组成

1—带横向加速度传感器的偏航率传感器　2—转向盘角度传感器　3—制动器制动液预压传感器

4—车轮转速传感器　5—ESP 系统电控单元　6—液压调节器　7—车轮制动器

8—发动机管理电控单元　9—燃油喷射　10—点火提前角干预（只用于汽油机）

11—节气门干预，电子加速踏板 EGAS（只用于汽油机）

度，其值与偏航率 Q 和调节到等值的振动速度的乘积成正比。

（2）霍尔加速度传感器　霍尔加速度传感器，用以测量汽车行驶时的纵向和横向加速度。

在霍尔加速度传感器中使用"弹性"固定的弹簧—质量系统，如图 9-37、图 9-38 所示。

霍尔加速度传感器有一个竖放的带状弹簧 3，一端夹紧；另一端固定着永久磁铁 2，以作为振动质量。在永久磁铁上面是带有信号处理集成电路的霍尔传感器，在下面有一块铜阻尼板 4。

如果传感器感受到横向加速度，传感器的弹簧—质量系统将离开它的静止位置而偏移。偏移程度与加速度大小有关。运动的磁铁在霍尔元件中产生霍尔电压 U_H，经信号处理电路处理后输出信号电压为 U_A，它随加速度增加而线性增加。

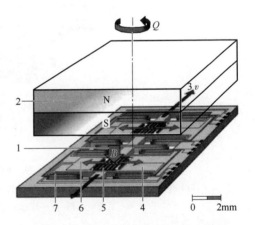

图 9-36　微机械硅转动率传感器的结构

1—由频率确定的耦合弹簧　2—永久磁铁　3—振动方向

4—振动质量块　5—哥氏加速度传感器

6—哥氏加速度方向　7—保持（导向）弹簧

Q—偏航率　v—振动速度　B—磁通密度

（3）ESP 液压调节器　ESP 液压调节器与 ASR 液压调节器一样，安装在制动主缸与轮缸之间，它能自行建立制动压力。如图 9-39 所示，ESP 8 型液压调节器是一个全模块结构，模块内有 12 个电磁阀（2 个高压开关阀、2 个转换阀、8 个压力调节阀），高压开关阀的特点是在制动液压力差大于 0.1MPa 时仍能工作；2 个吸液泵为柱塞式，电动机经偏心轴颈驱动吸液泵自动建立液压力；1 个智能压力传感器，用以确定主缸中的制动液压力和判定驾驶人的制动意向。

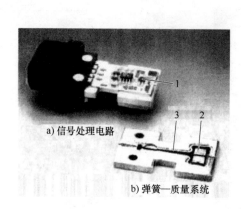

a) 信号处理电路

b) 弹簧—质量系统

图 9-37　霍尔加速度传感器（拆开情况）

1—霍尔传感器　2—永久磁铁　3—弹簧

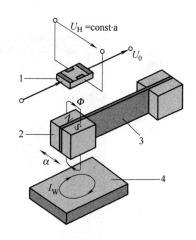

图 9-38　霍尔传感器简图

1—霍尔传感器　2—永久磁铁　3—弹簧　4—阻尼板

I_W—涡流（阻尼）　U_H—霍尔电压　U_0—供电电压

Φ—磁场　α—检测的横向加速度

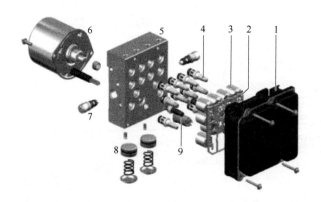

图 9-39　ESP8 型液压调节器

1—电控单元　2—电磁线圈组冲孔网格板　3—电磁线圈组　4—电磁阀　5—液压调节器体

6—直流电动机　7—柱塞式泵　8—低压储液罐　9—压力传感器

（4）ESP 液压系统回路　以 BOSCH 公司研发的 ESP 液压系统回路为例，ESP 系统中液压调节器的两个转换阀串接在制动主缸出油口和液压调节器的进液调压阀之间，用于油路通断转换；两个高压开关阀串接在制动主缸出油口和液压调节器中的出液阀（回液泵入口）之间，控制其油路通断。液压调节器中的进液阀和出液阀以及吸液泵在油路中的位置及作用与 ABS 液压调节器的进液阀和出液阀以及回液泵相同。

1）常规制动和 ABS 制动。ESP 系统中的转换阀 USV 为常开式，高压开关阀为常闭式，其不影响制动系统中的常规制动。如图 9-40a 所示，踩下制动踏板后，制动液可经过常开的转换阀 USV 和进液阀 EV 进入轮缸。轮缸制动压力与制动踏板力成正比，实现常规制动。当制动过程中出现某车轮抱死时，则相应车轮的两调压阀（进液阀和出液阀）进行开闭油路的动作，实现制动抱死车轮的减压、保压和增压的 ABS 循环调节过程，如图 9-40b 所示，ABS 循环调节过程前面已详述，这里不再赘述。

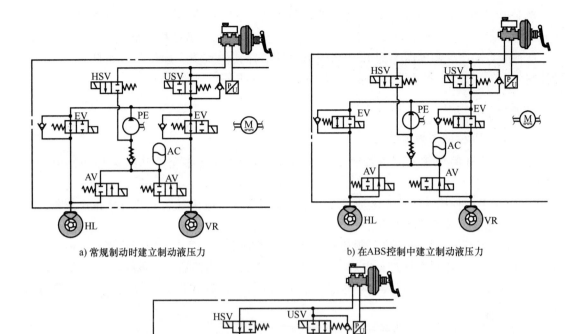

a) 常规制动时建立制动液压力　　　　　　b) 在ABS控制中建立制动液压力

c) 在ASR或ESP系统进行制动干预时，
通过自有吸式柱塞泵建立制动液压力

图 9-40　ESP 系统中液压调节器的压力调节

EV—进液阀　AV—出液阀　USV—转换阀　HSV—高压开关阀　PE—吸液泵

M—回液泵电机　AC—低压储液罐　V—前　H—后　R—右　L—左

2）ESP 系统工作过程。

① 制动压力建立。ESP 系统可以自行产生制动压力，不需要驾驶人踩制动踏板。当汽车行驶不稳定时，电控单元发出对某个车轮实施制动控制指令，以纠正汽车的行驶状态。电控单元控制转换阀 USV 关闭，高压开关阀 HSV 开启，同时驱动吸液泵转动。制动液从低压储液罐经主缸吸出，由吸液泵加压后经进液阀 EV 压入轮缸并在轮缸中建立制动液压力，如图 9-40c 所示。

② 制动压力调节。ESP 系统对某制动车轮进行制动压力调节与 ABS 系统进行车轮的制动压力调节相似。所不同的是调节的制动力大小不一样，因为 ESP 是在汽车运动过程中纠正汽车行驶方向而不是让汽车停驶，所以施加及调节的制动力较小，即调节的阈值小，而调节的循环过程与 ABS 一致，是由制动压力调节阀的进液阀和出液阀的开闭，实现减压、保压和增压的调节过程，具体过程参见 ABS 制动压力调节过程。

当 ESP 系统工作结束后，电控单元开启排液阀，使高压开关阀和转换阀返回到它们的初始位置。制动液由轮缸流入低压储液罐，这时轮缸中的制动液被柱塞泵抽空。

这种能自动产生制动压力的 ESP 液压调节可结合其他系统一起使用，如自适应巡航速度控制（ACC）、液压制动辅助功能（HBA），以实现所需的制动性能。

【技能训练】

一、ABS 检修的注意事项

1）在点火开关处于 ON 位置时，不要拆装系统中的电器元件和线束插头，以免损坏 ECU。

2）在车上用外接电源给蓄电池充电时，要先断开蓄电池正（负）极柱上的电缆线，然后对蓄电池充电，以免损坏 ECU。

3）ECU 对高温环境和静电都很敏感，为防止其损坏，在对汽车进行烤漆作业时，应将 ECU 从车上拆下；在对车体进行申焊之前，应拔下 ECU 的插接器，并戴好防静电器。

4）在拆卸制动管路或与其关联的部件之前，应首先释放 ABS 蓄能器内的压力，防止高压制动液喷射伤人。

5）在更换 ABS 制动管路或橡胶件时，应按规定使用标准件（高压耐腐蚀件），以免管路破损而引起制动突然失灵。

6）为保证维修质量，应保持维修场地和拆卸器件的清洁，防止尘土进入制动压力调节器或制动管路中。

7）制动液侵蚀油漆能力较强，因此在维修液压部件和加注制动液时，应防止制动液溅到油漆表面而使油漆失去光泽和变色。

8）在维修轮速传感器时，应防止碰伤齿圈的轮齿和传感器头；也不可将齿圈作为支点撬动。否则，将造成轮齿变形，致使轮速传感器信号不正常，影响 ABS 的正常工作。

二、常规检查

做好常规检查，发现比较明显的故障，可以节省时间、提高效率。常规检查主要包括以下几个方面：

1）检查制动液面是否在规定范围内。

2）检查所有继电器、熔丝是否完好，插接是否牢固。

3）检查电子控制装置导线插头、插座是否连接良好，有无损坏，搭铁是否良好。

4）检查下列各部件导线插头、插座和导线的连接是否良好：电动油泵、液压单元、4 个轮速传感器、制动液面指示灯开关。

5）检查传感器头与齿圈间隙是否符合规定，传感器头有无脏污。

6）检查蓄电池电压是否在规定范围内。

7）检查驻车制动器是否完全释放。

8）检查轮胎花纹高度是否符合要求。

三、制动液的更换与补充

制动液具有较强的吸湿性，当制动液中含有水分后，其沸点降低，制动时容易产生"气阻"，使制动性能下降。因此，一般要求每 2 年或 1 年更换制动液。

提示：很多 ABS 具有液压助力，由于蓄能器可能蓄积制动液，因此在更换或补充制动

液时应按一定的程序进行。

更换或补充制动液的程序如下：

1）先将新制动液加至储液罐的最高液位标记处。

2）如果需要对制动系统中的空气进行排除，应按规定的程序进行空气排除。

3）将点火开关置于 ON 位置，反复踩下和放松制动踏板，直到电动泵开始运转为止。

4）待电动泵停止运转后，再对储液罐中的液位进行检查。

5）如果储液罐中的制动液液位在最高液位标记以上，先不要泄放过多的制动液，而应重复步骤3）和4），再检查。

6）如果储液罐中的制动液液位在最高液位标记以下，应向储液罐再次补充新的制动液，使储液罐中的制动液液位达到最高标记处，但切不可将制动液加注到超过储液罐的最高标记。否则，当蓄能器中的制动液排出时，制动液可能会溢出储液罐。

四、制动系统的排气

液压制动系统有空气渗入时，会感到制动踏板无力，制动踏板行程过长，致使制动力不足，甚至制动失灵。当 ABS 的液压回路内混入空气后，同样会引起制动效能不良。因此，在空气渗入液压系统中后，必须对制动液压系统进行空气的排除。

在进行空气排除之前，应检查液压制动系统中的管路及其接头是否破裂或松动，检查储液罐的液位是否符合要求。

ABS 液压系统的排气方法有仪器排气和手动排气两种，应根据不同的车型和条件进行选择。

（1）手动排气

1）排气前的准备。

① 准备必要的工具、制动液容器、抹布和软管等，同时要仔细阅读对应车型维修手册中的相关内容。

② 清洗储液罐盖及周围区域。

③ 拆下储液罐盖，检查储液罐中的液面高度，必要时，加注到正确的液面高度。

④ 安装储液罐盖。

2）制动压力调节器与制动主缸及制动轮缸的排气。

① 将排气软管的一端装到后排气阀上，将软管的另一端放在装有一些制动液的清洁容器中。踩下制动踏板并保持一定的踏板力，缓慢拧开后排气阀 1/2 ~ 3/4 圈，直到制动液开始流出。关闭该阀后松开制动踏板。重复进行以上步骤，直到流出的制动液内没有气泡为止。

② 拆下储液罐盖，检查储液罐中的液面高度，必要时，加注到正确的液面高度。

③ 规定的排气顺序，在其他车轮上进行排气操作。

提示：排气顺序为右后轮→左后轮→右前轮→左前轮。

（2）仪器排气

1）将车辆停放在水平地面上，抵住车轮前后，将自动变速器的变速杆置于 P 位。

2）松开驻车制动器。

3）安装 ABS 检测仪（具有排气的控制功能）或专用排气试验器的接线端子。

提示：ABS 检测仪器或专用排气试验器用于代替 ABS 的 ECU 对电动油泵等进行控制。

4）向用于制动主缸和液压组件的储液罐加注制动液到最大液面高度。

5）起动发动机并以怠速运转几分钟。

6）稳稳地踩下制动踏板，使检测仪器进入排气程序，此时会感到制动踏板有反冲力。

7）按规定的顺序打开放气螺钉。

注意：有的车型要求必须对 ABS 和常规制动系统分别进行排气，排气分为 3 个步骤进行，即先给常规制动系统排气，然后利用仪器对液压控制系统排气，最后再对常规制动系统排气。

五、制动压力调节器的检测

制动压力调节器的检测主要是对电磁阀密封性及电动油泵基本性能的检测，检测时需要将车辆支起，保证车轮可转动的状态，利用诊断仪的执行元件测试功能进行测试，测试中按照诊断仪的提示依次进行，详见表 9-1。

表 9-1　电磁阀、电动油泵及继电器的检测

步骤	操　作	屏幕显示	电磁阀、电动油泵动作正常时的结果	电磁阀密封性测试结果
1	连接诊断线	输入地址码：××		
2	输入"ABS系统"确认	输入功能码：××		
3	输入"执行元件诊断"确认	油泵 V64 测试	听到电动液压泵工作噪声，脚放到制动板上有振动感	液压泵正常
4	按"→"键	踩下制动踏板		
5	踩住制动踏板不放	进油阀0V，出油阀0V，车轮抱死	车轮无法自由转动	若踏板下沉，则出油阀密封不良
		进油阀通电，出油阀0V，车轮抱死	车轮无法自由转动	若车轮能转动，则出油阀密封不良
		进油阀通电，出油阀通电，车轮可以自由转动	车轮可自由转动，踏板回弹，可听见电动液压泵工作噪声	若踏板下沉，或车轮转不动，则进油阀密封不良
6	松开制动踏板	测试结束		

注：使用诊断仪检测时，进入诊断功能后，诊断仪将按"左前轮→右前轮→左后轮→右后轮"的顺序进行检测。

六、制动压力调节器的拆装

（1）拆卸

1）关闭点火开关，断开蓄电池。

注意：对于装有已设码收音机设备的车辆要注意设码。

2）拆下排水槽盖板，拧下冷却液补偿罐螺栓，脱开补偿罐的插头连接，将补偿罐放到旁边，如图 9-41 所示。

3）将制动踏板加载装置装在制动踏板和驾驶人座椅之间，推压制动踏板至少 60mm，

如图 9-42 所示。

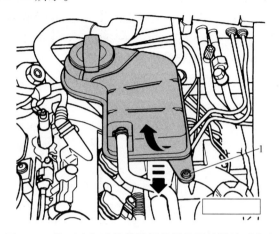

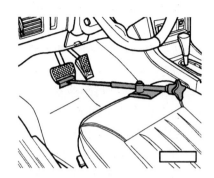

图 9-41　拧下冷却液补偿罐螺栓并将补偿罐放到旁边　　　图 9-42　安装制动踏板加载装置

4）将排气瓶软管连接到左前和左后制动钳排气螺栓上，打开排气螺栓排气，然后关闭排气螺栓，不要去除制动踏板加载装置。

提示：此步骤可卸除液压单元中的压力。

5）在控制单元和液压单元下面的区域里铺放足够的不含纤维的抹布以防制动液溢出。

6）对制动管路进行编号，拧下液压单元上制动管路。用维修套件的螺塞锁闭制动管路和螺纹孔，如图 9-43 所示。

7）小心地用压缩空气清洁变脏的插接器，将红色保险闸门 1 向上推，松脱控制单元上的插头连接，并将其拔出，如图 9-43 所示。

8）拧出液压控制单元的固定螺栓，取出液压控制单元。

（2）安装　安装以倒序进行，安装过程中要注意以下几点：

1）只有安装相应的制动管路时，才拆除新液压单元上的密封塞。

2）在将液压控制单元安装在支架上时，先不要将螺栓拧紧。

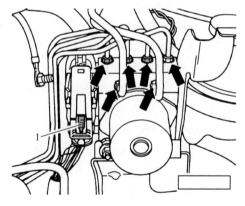

图 9-43　对制动管路编号并拆下各管路

3）根据标记连接管路，连接油泵上的插头。用夹子将 ABS 单元固定在支架上。

4）拧紧各连接管路后，再拧紧液压单元的安装螺栓。

5）取下制支架踏板加载装置，用诊断仪排气，并对电控制单元进行设码。

七、汽车 ESP 系统主要部件的校准及工作检测

以大众宝来车型为例。

（1）G85 零点平衡

1）连接 VAG1551 或 VAS5051 进入 03 地址。

2）登录 11Q，40168Q（做多项调整时，只需登录 1 次）。

3）起动车辆，在平整路面试车，以不超过 20km/h 车速行驶。

4）若是转向盘是正中方位（若不在正中方位，调整），停车即可，不要再调整转向盘，不要关闭点火开关。

5）查看 08 功能下 004 通道第一显示区 0°（手册规定值：±4.5°）。

6）输入 04Q，060Q，ABS 警告灯闪亮。

7）进入 06 退出，ABS 和 ESP 警告灯亮约 2s。

8）完毕。

（2）侧向加速度传感器 G200 零点平衡

1）将车停在水平面上。

2）连接 VAG1551 或 VAS5051 进入 03 地址。

3）登录（11Q，40168Q）。

4）输入 04Q，063Q；ABS 警告灯闪亮。

5）完毕进入 06 退出。

6）ABS 和 ESP 警告灯亮约 2s。

若显示该功用不能执行，表明登录有误。

若显示基本设定关闭，表明超出零点平衡允许公差。读取 08 数据块（004 通道第二显示区静止时规定值 ±1.5；转向盘至转向止点，以 20km/h 左/右转弯，测量值应均匀上升）及故障记忆。然后重新进行。

（3）制动压力传感器 G201 零点平衡

1）不要踩制动踏板。

2）连接 VAG1551 或 VAS5051 进入 03 地址。

3）进入 08 阅读测量数据块 005 通道查看第一显示区规定值 ±70kPa。

4）登录（11Q，40168Q）。

5）输入 04Q，066Q；ABS 警告灯闪亮。

6）完毕进入 06 退出。

7）ABS 和 ESP 警告灯亮约 2s。

若显示该功用不能执行，表明登录有误。

若显示基本设定关闭，表明超出零点平衡允许误差。读取 08 数据块（005 通道）及故障记忆。然后重新进行设定。

（4）ESP 工作检测

ESP 检测用于查看传感器（G200、G202、G201）信号的可靠性，拆开或替换 ESP 部件后，有必要进行 ESP 检测。具体方法如下：

1）连接 VAG1551 或 VAS5051，打开点火开关，进入 03 地址。

2）进入 04 基本设定，选择 093 通道，按 Q 键。

3）显示屏显示 ON，ABS 警告灯亮。

4）拔下自诊断插头，起动发动机。

5）用力踩下制动踏板（制动力应大于 350kPa），直到 ESP 警告灯 K155 闪亮。

6）以 15-30km/h 试车，时间不超过 50s，行车时应确保 ABS、EDS、ASR、ESP 不起作用。

7）转弯并确保转向盘转角大于90°。

8）ABS 警告灯和 ESP 警告灯熄灭，则 ESP 检测顺利完成。

若 ABS 灯不灭，表明 ESP 检测未顺利完成，应重复上述操作；若 ABS 灯不灭且 ESP 灯亮起，表明系统存在故障，查询故障存储器，并予以排除后，再重新进行 ESP 检测。

【课后测评】

1. 什么是车轮的滑转率？
2. 防抱死制动系统有何功用？防抱死制动系统有哪几种类型？
3. 简述防抱死制动系统的组成与原理。
4. 简述霍尔式车轮转速传感器结构原理。
5. 减速度传感器有何作用？简述减速度传感器的工作原理。
6. 简述循球式制动压力调节系统的组成及原理。
7. 简述可变容积式制动压力调节系统的组成及原理
8. 简述驱动防滑系统的控制方式。
9. 简述驱动防滑系统的组成。
10. ESP 系统组成有哪些？
11. 检修 ABS 系统应注意哪些事项？
12. 应如何对 ABS 液压系统进行排气？
13. 如何拆装制动压力调节器？

项目十

电子驻车制动系统的检修

【项目目标】

1. 掌握电子驻车制动系统的组成及原理。
2. 能够对电子驻车制动系统进行故障的诊断与排除。

【知识准备】

电子驻车制动系统英文缩写为 EPB（Electrical Park Brake），用于乘用车上，它能使车辆在平路和坡路上保持静止不动。驾驶人操纵制动踏板和驻车制动开关来实现驻车制动功能。

在静态环境下，EPB 可实现开关/释放、缩减夹紧力、车轮滚动探测等功能。在动态环境下，也就是汽车行驶情况下，EPB 可实现后轮防抱死以及电控减速的制动功能。

一、分类

汽车上的电子驻车制动系统有两种类型，一种是电动拉索式驻车系统，另一种是电动线控式驻车系统，如图 10-1 所示。

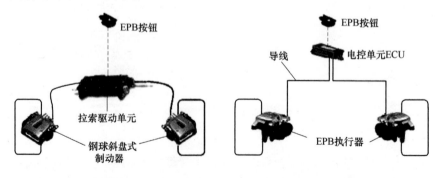

a) 电动拉索式驻车系统   b) 电动线控式驻车系统

图 10-1　电子驻车系统类型

电动拉索式驻车系统是将原来的手制动的操纵手柄取消，用电控单元控制的电动机直接驱动两后轮驻车制动拉索。工作时，驾驶人按动驻车制动开关向拉索驱动单元传送电信号，拉索驱动单元控制其内部电动机带动驻车制动拉索正向或反向转动，完成驻车制动或驻车制动解除功能。

电动拉索式驻车系统与手动驻车制动相比，大大方便了驻车制动的操作，并节省了驾驶室内的手制动手柄的安装空间。但是，由于其拉索驱动单元的安装及噪声隔离等较困难，拉索老化及制动力的稳定性差原因，常常引起制动器过载，因此已经淘汰。

电动线控式驻车制动系统除了具有方便操作及内空间占用小外，其安装成本低，机构简单可靠性高，左右驻车制动器可单独控制。控制精度高、耐用、重量轻等优点。应用广泛。

二、电动线控式驻车制动系统

如图 10-2 所示，电动线控式驻车制动系统主要由驻车执行器、离合器位置传感器、驻车制动按钮和电子控制单元等组成。

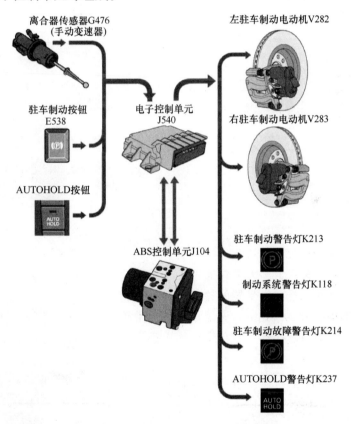

图 10-2　电动线控式驻车制动系统的组成

1. 驻车执行器

驻车执行器为机电单元，集成在后轮制动器中。机电单元中的电动机接收控制单元的驻车指令开始转动，通过多级齿轮机构和轴驱动，使制动摩擦片压紧制动盘，如图 10-3 所示。

（1）减速机构　机械方式制动时，制动器活塞只需运动很小的行程，因此传动机构应用减速器。大众汽车的驻车制动器减速机构的传动比为 1∶150，即电动机转 150 圈，减速器输出轴转 1 圈。减速机构由齿形带轮减速机构、斜盘减速机构和轴驱动机构三部分组成，如图 10-4 所示。

1）齿形带轮减速机构。该减速机构由电动机输出齿轮、齿形带和大带轮组成，其传动比为 1:3。电动机输出齿轮通过齿形带传动带动大齿轮转动，大齿轮为斜盘的驱动输入端，如图 10-4 所示。该减速机构也有用多级外啮合齿轮传动代替的。

2）斜盘减速机构。斜盘减速机构由大带轮、斜盘和输出锥齿轮组成，如图 10-5 所示，其传动比为 1:50。斜盘装于塑料壳体内，斜盘工作时为摇动状态，其上的两个凸缘处于壳体内槽中，保证斜盘摇动时不发生绕轴转动。

图 10-3　驻车执行器

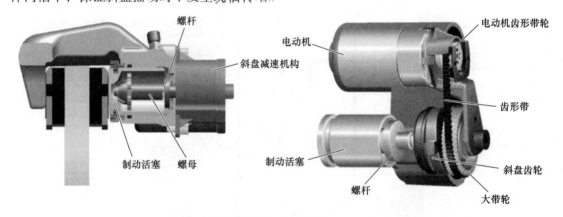

图 10-4　减速机构

输出轴和输出锥齿轮固定，大带轮通过轴承装于输出轴上，斜盘通过轴承压装在大带轮的轮毂上，大带轮轮毂轴线与输出轴轴线有一偏角 α，该偏角可使大带轮转动时其轮毂摇摆驱动斜盘摇动。斜盘靠向输出锥齿轮一侧也有锥形齿。

在大带轮转动一圈中，斜盘上齿与输出锥齿轮的齿将一直依次啮合。啮合点总是处在大带轮轮毂外端距输出轴最近的方向上，如图 10-6 所示。

斜盘锥齿轮有 51 个轮，而输出锥齿轮有 50 个齿，这就意味着两个齿轮的齿和齿隙不能恰当地匹配，斜盘锥齿轮啮合齿和输出齿轮的啮合齿总是侧面接触，由于这种推动作用，每次两个齿啮合时输出齿轮会转过一个微小的角度，如图 10-7 所示。

这样每当大带轮转动一圈时，输出锥齿轮转过一个齿宽，因为输出锥齿轮有 50 上齿，

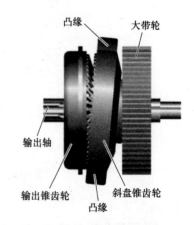

图 10-5　斜盘减速机构

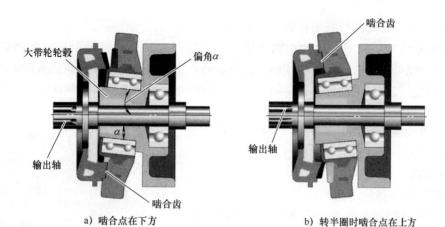

a) 啮合点在下方　　　　　　　　　b) 转半圈时啮合点在上方

图 10-6　斜盘减速器结构原理

输出锥齿轮要想转一圈，大带轮就要转 50 圈，其传动比为 1:50。

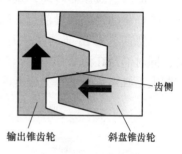

图 10-7　斜盘锥齿轮与输出锥齿轮啮合时的受力情况

由于斜盘式减速器噪声大、效率低、安装空间大等缺点，现在的斜盘式减速器逐渐被行星齿轮减速器所取代，图 10-8 所示为奥迪轿车采用的行星齿轮减速器。该行星齿轮减速器由两排单级行星齿轮串联而成，大齿形带轮为输入齿轮，它与第一排行星轮的太阳轮固定连接，第一排行星轮架为输出元件，它与第二排行星轮的太阳轮固定连接，第二排行星轮架为输出元件，它与输出齿轮固定连接，由输出齿轮驱动驻车制动器的螺杆机构。两排行星轮机构的

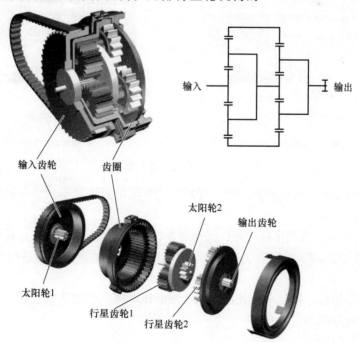

图 10-8　行星齿轮减速器

齿圈为固定元件。经过两级行星齿轮减速后可达到1:50的传动比。

3）轴驱动机构。轴驱动机构由输出轴和推力螺母组成，输出轴由输出锥齿轮直接驱动，通过推力螺母把旋转运动转变成轴向直线运动。当螺母伸出时推动制动活塞压靠制动盘进行驻车制动，当螺母退回时，制动活塞在其油封恢复变形时收回解除制动。输出轴的转动方向决定推力螺母的前后运动，如图10-9所示。

轴驱动机构被设计成自锁方式，一旦电子驻车处于驻车制动状态，即使没有电流流过电动机，系统仍能保持锁止状态。

（2）后轮制动器的功能

① 电动机械制动驻车功能。当驻车制动时，控制单元驱动驻车制动电动机，电动机带动齿形带，齿形带带动斜盘减速器转动，减速器驱动输出轴螺杆转动，螺杆驱动推力螺母前行，当螺母与制动活塞接触时，活塞向外移出推动摩擦片压紧制动盘，产生制动，同时油封在活塞伸出时，产生向外的变形。当控制单元检测到电流消耗超过规定值时，控制电动机停止转动，完成驻车制动，如图10-10a所示。

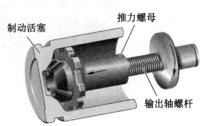

图 10-9　轴驱动机构

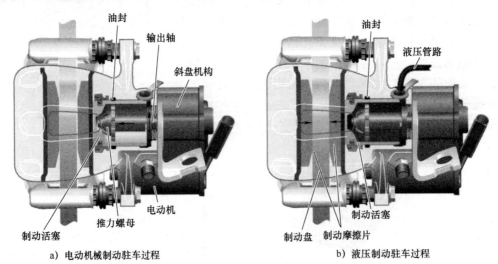

a）电动机械制动驻车过程　　　　　　　　　b）液压制动驻车过程

图 10-10　后轮制动器工作方式

当解除驻车制动时，螺杆将推力螺母旋回，变形的油封恢复形状带动制动活塞回位，制动摩擦片与制动盘分离。

② 液压制动驻车。当汽车行驶时，操纵驻车按钮（动态紧急制动），驻车制动单元通过ABS/ESP控制单元增加制动液压力，制动器内液压推动制动活塞伸出进行车轮制动，如图10-10b所示。

当完成制动操作后，控制单元控制制动管路液压下降，制动活塞在其油封变形恢复的回力作用下缩回，解除制动。

2. 离合器位置传感器

离合器位置传感器应用于手动变速器车型上，它夹装在离合器主缸上，用于检测离合器

踏板的动作状态。

如图 10-11 所示，当踩下离合器踏板时，推杆推动柱塞运动，柱塞前部有一永久磁铁，线路板上集成有三个霍尔式传感器。当永久磁铁通过霍尔传感器时，传感器产生信号传送给相应的控制单元。

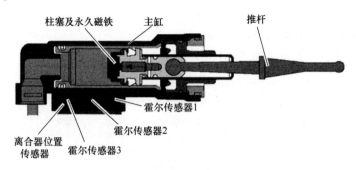

图 10-11　离合器位置传感器

霍尔传感器 1 为数字信号，该信号传给发动机控制单元，用于巡航关闭功能控制。

霍尔传感器 2 为脉冲宽度调制信号，探测离合器的准确位置，传给电子驻车控制单元，用于计算动态驶离时驻车制动器的最佳释放点。

霍尔传感器 3 为数字信号，信号传送给在线电源供给控制单元，控制单元探测到离合器踏板被压下时，才允许起动发动机。

3. 驻车制动按钮和 AUTOHOLD 控制开关

驻车制动按钮用于启用或关闭电子驻车制动功能；AUTOHOLD 控制开关用于启用或关闭驻车自动保持功能。

4. 电子控制单元

电子控制单元一般安装在仪表板下方，用于处理所有的驻车制动的执行和诊断任务，该电子控制单元的特点是有两个处理器，并通过专用 CAN 网线与 ABS 控制单元相连。控制单元内集成有纵向加速度传感器、横向加速度传感器及偏航率传感器。各传感器信号用于驻车和 ESP 功能控制，其中倾角是根据纵向加速度传感器推导得出的。

根据车速的不同，启用静态模式或动态模式。当车速低于 7km/h 时，操作驻车制动开关，启用静态模式，在静态模式下，由电动机械方式操纵制动器动作：当车速高于 7km/h 时，启用动态模式，汽车减速是通过 ABS/ESP 系统进行的，所有的车轮在此模式下都进行液压制动。

三、功能

电子驻车制动系统功能：

（1）驻车制动功能　电子驻车制动可以在任何时候启用。当踏下制动踏板同时按压电子驻车制动开关，即可释放驻车制动器。当驾驶人系好安全带，关上车门，起动发动机时，踏下加速踏板电子驻车制动会自动释放。

（2）动态驶离辅助功能　动态驶离辅助功能允许汽车在驻车制动时，只要踩下加速踏板，驻车制动器会自动释放允许车辆行驶。

（3）动态紧急停车　如果制动踏板失灵或卡滞，可通过驻车制动系统的紧急停车功能进行制动停车。通过压住驻车制动按钮，汽车可实现 6m/s 的减速度制动停车，同时蜂鸣器鸣响、警告灯会亮起。

（4）自动保持功能　自动保持功能通过按压一下自动保持按钮启用，再次按压一下取消其功能。在自动保持模式启用时，制动是由 ABS/ESP 的液压制动功能实现的。当汽车静止保持超过 3min，由液压制动转为电动机械式驻车制动。

四、大众车电子驻车制动系统电路图

大众帕萨特电子驻车制动系统电路图如图 10-12 所示。

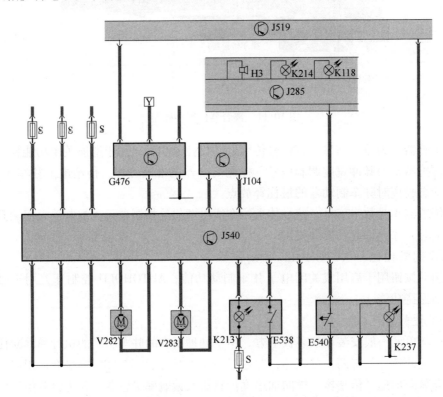

图 10-12　大众帕萨特轿车电子驻车制动系统的电路图

E538—电子驻车按钮　E540—自动保持按钮　G476—离合器位置传感器　H3—蜂鸣器　J104—ABS 控制单元
J285—仪表显示控制单元　J519—在线电源供给控制单元　J540—电子驻车控制单元　K118—制动警告灯
K213—电子驻车制动警告灯　K214—电子驻车制动故障警告灯　K237—自动保持警告灯
S—熔断器　V282—左驻车制动电动机　V283—右驻车制动电动机　Y—到电控单元 J623

【技能训练】

一、电控系统检修

电控系统的故障诊断方法主要利用故障诊断仪读取电控单元内的故障码、相关的数据流及进行执行元件测试功能，并配合示波器的信号波形测试等，确定故障范围。应用万用表、试灯等检测工具依据相关电路图对故障范围内的电源、线路、元器件进行检测，从而排除故障。

二、驻车制动机构拆装（以奥迪 A6L 为例）

（1）准备工作

1）打开点火开关。

2）松开驻车制动器。

3）检查代码，必要时进行修正。

4）查询故障存储器的故障记忆，排除显示的故障并删除故障存储器的故障记忆。

5）关闭点火开关。

6）升起汽车，拆下车轮。

（2）拆卸

1）断开伺服电动机插头连接。

2）将伺服电动机的两个紧固螺栓旋出，将伺服电动机沿箭头方向取下，如图 10-13 所示。

3）用合适的工具取下密封环，如图 10-14 所示。

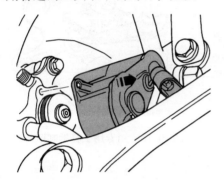　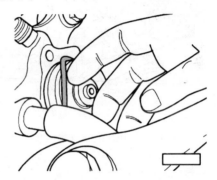

图 10-13　拆卸伺服电机　　　　图 10-14　取下密封环

注意：不要损坏密封环的环槽和伺服电动机的接触面。接触面的污物，只可使用制动器清洗剂。

（3）安装

1）安装新的密封环。

2）将制动钳的调整螺钉稍微回转一些，以便于安装伺服电动机。装上编号 1 电动机，如图 10-15 所示。

3）转动编号 2 电动机，使制动钳体里的螺栓孔 a 和螺纹 b 被遮盖，如图 10-16 所示。

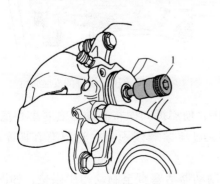　

图 10-15　装上编号 1 电动机　　　　图 10-16　装上电机对正螺栓孔

4）安装伺服电动机的两个紧固螺栓，拧紧力矩为12N·m。

5）安装插头，安装车轮。

6）用诊断仪对电动驻车制动器进行基本设定。

三、后制动钳活塞的拆装

（1）拆卸

1）将活塞尽量多地从制动钳中旋出，用压缩空气将活塞从制动钳体中压出，如图10-17所示。

注意：拆卸时不要损坏制动缸的表面。将木板放入槽中以免活塞损坏。

2）用拆卸楔（专用工具3409）将旧密封圈从制动钳中拆下，如图10-18所示。

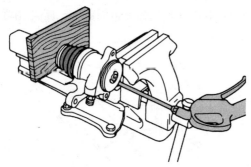
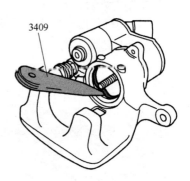

图10-17　用压缩空气将活塞压出　　　　图10-18　用专用工具拆卸旧密封圈

（2）安装

1）将新的密封圈装入制动钳，将新的护罩套到制动器活塞上，如图10-19所示。

2）将压紧螺母旋入到尺寸 $a=15$mm，如图10-20所示。

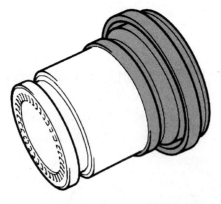
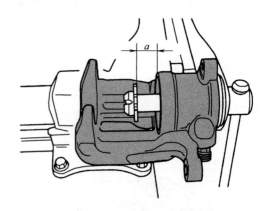

图10-19　将新的护罩套到制动器活塞上　　　　图10-20　确定压紧螺母的安装尺寸

3）将护罩装入制动钳凹槽内。在装配过程中，使用拆卸楔将制动器活塞小心地推入制动钳。同时移动制动器活塞，制动器活塞必须通过压紧螺线引导，这只有在四个位置上可行。

4）引导制动器活塞到压紧螺母上后，压入制动器活塞直至制动钳中限位，如图10-21所示。

　　5）顺时针旋入压紧螺母，直到限位位置，如图 10-22 所示。注意应令橡胶围绕在制动钳外壳周围。

　　6）用手将活塞压入制动钳中。

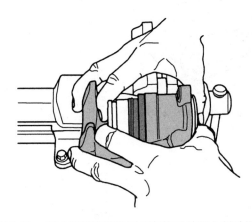
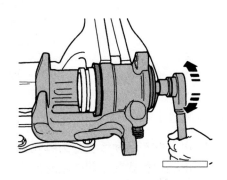

图 10-21　制动器活塞装配到压紧螺母并压入制动钳中　　　　图 10-22　转动压紧螺母至限位位置

四、电子驻车制动器的应急释放

在特殊情况下，电控单元无法解除电子驻车制动器时，可通过机械方法强制解除。

注意：机械方法解除电子驻车制动器时，一定确保制动器的电源是处于断开的状态。

操作方法如下：

　　1）关闭点火开关，断开制动器的连接导线，拆卸电动驻车制动电动机齿轮装置，如图 10-23 所示。

　　2）用合适工具顺时针转动调整螺栓 2 圈，转动车轮检查是否解除驻车制动，若未松开，可继续转动调整螺钉至驻车制动解除，如图 10-24 所示。

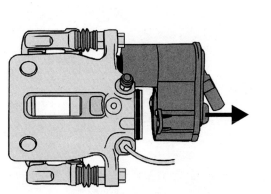
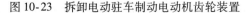
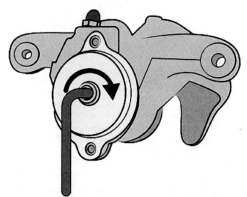

图 10-23　拆卸电动驻车制动电动机齿轮装置　　　　图 10-24　转动调整螺栓解除驻车制动

　　3）安装电动驻车制动电动机齿轮装置，如图 10-25 所示：稍微转动电动驻车制动电动机齿轮装置，确保驻动轴与调整螺钉正确啮合，用手拧安装螺栓几圈，最后用扳手将安装螺栓拧至规定的力矩，连接导线。

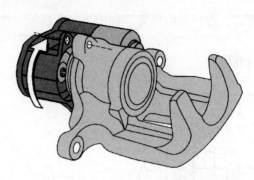

图 10-25　安装电动驻车制动电动机齿轮装置

【课后测评】

1. 电子驻车制动系统分为哪几类？
2. 电动线控式驻车制动系统的组成有哪些？
3. 简述电动线控式驻车执行器的结构与原理。
4. 电子驻车制动系统有哪些功能？

参 考 文 献

［1］蒋红枫. 汽车底盘构造与维修［M］. 北京：机械工业出版社，2010.

［2］胡胜. 汽车底盘构造与维修［M］. 北京：机械工业出版社，2018.